Contribution à l'Étude

DE

L'APPENDICITE

DANS LA PREMIÈRE ENFANCE

PAR

Gaston **BOULANGER**

Docteur en Médecine

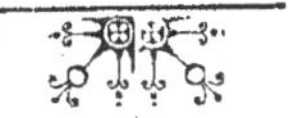

PARIS

ALFRED LECLERC, Éditeur

19, RUE MONSIEUR-LE-PRINCE, 19

—

1913

Contribution à l'Etude

DE

L'APPENDICITE

DANS LA PREMIÈRE ENFANCE

Contribution à l'Étude

DE

L'APPENDICITE

DANS LA PREMIÈRE ENFANCE

PAR

Gaston BOULANGER

Docteur en Médecine

PARIS

ALFRED LECLERC, Éditeur

19, RUE MONSIEUR-LE-PRINCE, 19

—

1913

A MES PARENTS

———

A MES AMIS

———

A MON PRÉSIDENT DE THÈSE

M. LE PROFESSEUR KIRMISSON

Professeur de Clinique Chirurgicale Infantile
Membre de l'Académie de Médecine
Chirurgien de l'Hôpital des Enfants Malades

INTRODUCTION

L'appendicite constitue une des affections les plus importantes dans la chirurgie infantile, et toutes les statistiques sont unanimes à démontrer qu'elle est surtout fréquente dans la seconde enfance et au voisinage de l'adolescence, soit de sept à quinze ans. Mais les notions acquises sur l'appendicite n'ont pas attiré cependant dans une mesure aussi considérable qu'on pourrait le croire, l'attention des auteurs sur les rapports de cette maladie avec la première enfance. Nous nous proposons, comme l'indique d'ailleurs le titre de notre thèse, de tracer, d'après les faits que nous avons recueillis, le tableau de l'appendicite dans la première enfance, c'est-à-dire jusqu'à 5 ans.

En raison pourtant de ses caractères particuliers, nous avons pensé qu'il serait intéressant d'approfondir un peu cette question. Il n'est pas contestable, en effet, que chez le tout jeune enfant, l'appendicite a une manière d'être et d'évoluer différente de celle qu'elle a chez l'enfant du second âge et chez l'adulte ; de telle sorte que sans vouloir prétendre à faire œuvre originale, nous avons jugé qu'il y avait là matière à faire une intéressante mise au point.

Nous n'avons trouvé que peu de travaux d'ensemble sur ce sujet ; en 1901, le travail de Griffith ; en 1903, la thèse de Gyr, de Lausanne, sur l'appendicite chez l'enfant au-dessous de trois ans ; en 1905, la thèse de Bamberg, de Leipzig, sur l'appendicite du nourrisson, et en 1906, l'article de MM. Kirmisson et Guibellot sur « l'appendicite chez le nourrisson. »

Nous apportons nous-même une quarantaine d'observations inédites d'appendicite dans le tout jeune âge, que nous avons recueillies dans les services de M. le Prof. Kirmisson, Savariaud et Jalaguier, à l'hôpital des Enfants Malades, aux Enfants Assistés et à l'hopital Trousseau. Nous avons rassemblé tous les cas publiés dans la littérature française et dans la littérature étrangère, et c'est sur un total de 71 observations que se basera notre travail. Si nous nous sommes efforcé le plus possible de nous documenter, nous ne prétendons pas en avoir oublié aucun cas, ni avoir une bibliographie exempte de défectuosité.

Nous ne saurions trop remercier M. le Prof. Kirmisson qui nous a fait l'honneur d'accepter la présidence de notre thèse, et qui nous a toujours reçu avec une si grande bienveillance dans son service ; ni MM. Savariaud et Jalaguier qui ont mis à notre disposition tous les éléments qui nous ont été nécessaires, toutes les observations dont nous avons pu avoir besoin. Nous devons aussi exprimer ici notre reconnaissance à tous nos maîtres dans les hôpitaux.

Nous réservons une très large part de notre gratitude à M. le D^r. Perrin, chef de clinique de M. le Prof. Kirmisson, qui nous a toujours aidé de ses conseils. Il nous a toujours témoigné les meilleures preuves de sa sympathie et honoré des meilleures marques de son amitié ; et nous sommes heureux aujourd'hui de lui exprimer notre plus vive reconnaissance.

ANATOMIE

L'appendice naît ordinairement sur la paroi interne
ou postéro-interne du cœcum, à une distance variable
de cinq millimètres à deux centimètres, suivant l'âge
de l'enfant, au-dessous de l'angle iléo-cœcal. Quelquefois il fait suite au sommet ou au point le plus déclive
de l'organe (disposition fœtale).

Sa *forme* est celle d'un tube cylindrique plus ou
moins régulier, présentant une *longueur* moyenne de
7 cent. et demi chez les garçons comme chez les filles,
la longueur moyenne étant chez le fœtus de 9 mois
de 4 cent. et demi ; chez l'enfant d'un an, de 5 cent;
et chez l'adulte, d'après Jonnesco, de 6 à 12 centimètres.
L'appendice aurait, selon Ribbert, la plus grande longueur absolue entre 10 et 30 ans, puis il diminuerait
progressivement, pour aboutir à une véritable atrophie
dans la vieillesse. La longueur absolue de l'appendice
est donc proportionnelle à l'âge de l'enfant.

Néanmoins l'appendice de l'embyron et du nouveau-

né serait relativement plus long que celui de l'adulte
D'après Meckel, en effet, le rapport de la longueur du
processus au canal alimentaire chez le nouveau-né
serait de 1 à 71, et chez l'adulte, de 1 à 115, et d'après
Ribbert, le rapport de la longueur de l'appendice à
celle du gros intestin serait chez le nouveau-né de 1
à 10, et chez l'adulte de 1 à 20.

Le *diamètre* de l'appendice varie entre 3 et 7 millimètres. Quand on examine certains appendices infan-
tiles, normaux, indemnes de lésions, on constate qu'ils
sont véritablement gros comparativement au calibre
du tube digestif; ce fait est peut-être dû au grand
développement du système lymphoïde qui en augmente l'épaisseur, si bien que Jacob a pu dire que l'appendice de l'adulte n'était pas sensiblement plus gros que
celui de l'enfant.

Rarement rectiligne chez l'enfant, il est le plus souvent flexueux, disposé en spirale, en pas de vis, ou
pelotonné sur lui-même. Il peut occuper des *situations*
diverses, ascendant, descendant, latéral interne, latéral
externe, remontant jusqu'à la face inférieure du foie,
ou quand il est descendant, croisant le psoas, s'enga-
geant dans le petit bassin, où il se met en rapport avec
les organes de cette cavité ; la plupart des auteurs
admettent que la direction la plus fréquente est le
type descendant et interne.

L'appendice est, comme on le sait, normalement entouré par la séreuse qui lui forme le méso-appendice.

Si le cœcum conserve habituellement des rapports constants grâce à son mode de sustentation, il n'en est pas de même de l'appendice ; ses ligaments maintiennent dans un état de fixité relative sa portion voisine du cœcum, mais toute la portion terminale est généralement libre. Les migrations du cœcum et de l'appendice sont subordonnées à la laxité des moyens de suspension, qu'elle soit congénitale ou acquise ; mais chez l'enfant on rencontre plus souvent des positions hautes : iliaques, supérieures, prérénales, sous-hépatiques.

Au point de vue de la *structure*, l'abondance du système lymphoïde est la seule particularité à signaler chez l'enfant : les follicules clos sont extrêmement nombreux ; on les voit très bien à l'œil nu ; ils sont si étendus qu'ils ne laissent qu'un petit intervalle entre eux ; aussi pensons-nous avec Mlle Gordon que c'est là un facteur important en ce qui concerne le mode d'infection et les lésions qu'on y rencontre.

ÉTIOLOGIE

L'appendicite se rencontre avec peu de *fréquence*
dans la première enfance, et cela est si vrai que la
plupart des traités de pathologie, même infantile, sont
silencieux sur ce sujet. Cependant MM. Kirmisson et
Guimbellot (*Revue de Chirurgie, Oct. 1906*) ont relevé
dans la littérature médicale vingt-six observations
d'appendicite chez des enfants de moins de deux ans,
et nous-même avons recueilli 45 observations relatives
à des enfants dont l'âge variait de 20 mois à 5 ans.

Jusqu'à cet âge, si nous examinons les différentes
statistiques, nous trouvons que sur 110 cas d'appendicites opérées chez des enfants jusqu'à 15 ans, Jalaguier
n'en a opéré que 4 au-dessous de 5 ans, soit une proportion de 3,64 0/0. Brun donne les chiffres correspondants de 3 pour 45 soit 6,66 0/0, et Matterstock 12 sur
72, soit 16,66 0/0. Dans la thèse de Mlle Gordon, sur
79 cas d'appendicite infantile, nous n'avons relevé que
4 observations se rapportant à des enfants de moins

de 5 ans, soit 5,06 0/0, ce qui donne dans l'ensemble une proportion de 23 pour 306, soit 7,51 0/0.

Les observations que nous avons recueillies nous-même donnent une fréquence sensiblement égale. A l'hôpital Trousseau, en effet, le registre des opérations pratiquées pour appendicite dans le cours des quatre années 1909 à 1912 nous a montré qu'il y en avait eu 18 au-dessous de cinq ans pour un total de 123, c'est-à-dire 14,63 0/0, tandis qu'aux Enfants-Assistés, pendant une période de huit années (1905 à 1912) nous avons trouvé comme nombres correspondants 18 et 314, soit 5,73 0/0, ce qui donne sur un ensemble de 437 opérations pour appendicite infantile un total de 36 pratiquées sur des enfants âgés de moins de 5 ans, soit une proportion de 8,37 0/0.

A quel âge l'appendicite est-elle le plus fréquente jusqu'à cinq ans? Si nous consultons le tableau que nous avons dressé, nous constatons que les 71 observations citées peuvent se répartir de la façon suivante :

1 mois	2 mois	3 mois	6 mois	1 an	1 an 1/2	2 ans
2	*3*	*2*	*1*	*5*	*7*	*10*

2 ans 1/2	3 ans	3 ans 1/2	4 ans	4 ans 1/2	5 ans
2	*3*	*7*	*11*	*3*	*15*

Nous voyons que les cas semblent très peu nombreux dans les premiers mois de la vie, car il ne faut pas perdre de vue que dans les 30 cas constatés jusqu'à 2 ans sont comprises les 26 observations recueillies dans la littérature médicale depuis 1847 par MM. Kirmisson et Guimbellot, qui n'ont retenu que les cas du nourrisson. Il en résulte donc que l'appendicite est de plus en plus fréquente à mesure que l'on avance en âge, avec maximum de fréquence à 4 ans, puis à 5 ans.

Cette fréquence de l'appendicite dans le tout jeune âge nous a paru *sensiblement égale dans les deux sexes*, avec cette particularité cependant, que chez le nourrisson et jusqu'à 4 ans, cette affection se rencontrait plus souvent chez la fille, tandis qu'à cinq ans, les deux tiers des cas étaient relevés chez les garçons.

Nous avons cherché à voir si *l'alimentation* ne pouvait jouer aucun rôle dans la production de l'appendicite : il aurait été intéressant de savoir si l'allaitement au sein y prédisposait moins que tout autre mode d'alimentation; malheureusement peu d'observations indiquaient comment avaient été élevés les enfants; mais si l'allaitement au sein était quelquefois noté, dans les autres observations il était question de nourriture par le biberon, soit à la ville, soit à la campagne, par les bouillies, les farines lactées, les œufs, mais jamais par les viandes, et il ne saurait donc être question dans l'étiologie de l'appendicite du rôle exclusif de l'alimentation carnée.

Peut-on invoquer une *prédisposition congénitale*, une *conformation particulière de l'appendice* permettant d'expliquer une plus grande facilité à la torsion, à la coudure : à la vérité dans peu de cas il était signalé comme long, mais assez souvent il était en tire-bouchon ou tordu plusieurs fois sur lui-même, et cette obturation du canal appendiculaire peut, dans quelques cas, expliquer une exagération de la toxicité des produits sécrétés par le coli-bacille. Dans une seule observation, enfin, le diagnostic a pu être aidé par la connaissance de cette affection chez la mère et le frère du malade, et c'est la seule fois qu'on ait fait intervenir une influence héréditaire et familiale.

La *position de l'appendice* ne semble pas avoir, elle non plus, une grande importance, car s'il est assez souvent en situation pelvienne, il n'a aucune raison de s'enflammer spontanément, les mouvements physiologiques du rectum, de la vessie et de l'intestin étant beaucoup trop modérés pour pouvoir le traumatiser. Dans ce cas, ne pourrait-on incriminer la contraction du psoas ? Il ne le semble pas, car d'après Perreaux, on rencontre autant de cas chez les filles que chez les garçons, et on ne peut alors accuser ni la turbulence des sujets, ni la violence des mouvements.

A côté de l'inflammation par résorption, n'y a-t-il pas des fois où cette inflammation était dûe à la présence de *corps étrangers de l'appendice*. Dans aucune de nos observations n'était signalée la présence de corps étrangers véritables, si ce n'est des pépins de fraises, et une seule fois M. Kirmisson a trouvé une épingle. Si l'on considère comme corps étrangers les calculs stercoraux, leur présence est plus fréquente peut-être à cause de la facilité avec laquelle ils peuvent passer dans l'appendice, en raison du grand développement relatif du canal appendiculaire : on y a trouvé des coprolithes, de petits calculs, des débris concrétés, mais plus fréquemment chez le nourrisson que chez le jeune enfant, chez qui il semble qu'ils soient loin de jouer le même « rôle provocateur, important, qu'ils jouent chez l'adulte. »

Il y a longtemps qu'on a découvert des *parasites* et des œufs dans l'appendice, mais leur présence, du moins dans le tout jeune âge, ne paraît pas jouer un grand rôle dans la pathogénie des lésions, car le pourcentage des parasites est même plus fort chez les enfants atteints d'affections quelconques, n'ayant jamais présenté de symptômes appendiculaires. Une seule observation de lésion vermineuse chez un enfant de 3 ans est citée dans la thèse de Raillet (obs. 372) et l'appendice ne porte aucune trace d'inflammation, mais une simple perforation par un ascaris.

L'infection de l'appendice peut se faire aussi par extension par la *voie sanguine*, et dans les antécédents des malades, nous avons pu relever une fois une mastoïdite, un abcès ischio-rectal, du muguet, plus souvent la broncho-pneumonie, la coqueluche et la rougeole.

Mais la cause principale de l'appendicite dans le tout jeune âge est l'extension à l'appendice de l'*infection du reste du tube digestif*, et il nous a semblé qu'il fallait faire une place spéciale aux *troubles intestinaux antérieurs*. En effet, quel qu'ait été le mode d'alimentation, qu'elles qu'aient été les maladies générales, dans plus de la moitié des cas, nous avons trouvé des affections du tube digestif allant de la diarrhée jusqu'à l'entérite grave. Chez le tout jeune enfant, plus encore que chez l'adulte, la richesse de l'appendice en follicules clos constitue une prédisposition à l'inflammation de cet organe, et aggrave les lésions à son niveau. Dans la plupart des cas, il s'agit d'enfants atteints de troubles digestifs, avec renvois, mauvaise haleine, ayant eu de la diarrhée verte, une ou plusieurs poussées d'entérite muco-membraneuse, se plaignant toujours plus ou moins du ventre ; mais dans le plus grand nombre d'observations, on lit plus souvent

que l'enfant était habituellement constipé, ou qu'il
présentait une constipation opiniâtre, qu'il n'allait jamais à la selle sans lavements, ou qu'on était obligé
de le purger très souvent; et nous avons constaté que
l'entérite était surtout fréquente chez les filles vers
3 ans et demi et quatre ans, tandis que la constipation se rencontrait bien plus souvent chez les garçons,
et vers cinq ans.

SYMPTOMES ET FORMES

Quand on est amené à penser à l'appendicite chez un jeune enfant, par un incident qui la traduit avec plus ou moins d'éclat (vomissements, douleurs), elle existe souvent depuis longtemps, ayant progressé sourdement au milieu de la symptomatologie la plus vague et la plus trompeuse.

Les symptômes de l'appendicite *au début*, chez le jeune enfant sont essentiellement variables. Tantôt l'attention est attirée par des vomissements, tantôt c'est un enfant constipé depuis quelques jours, qui est pris de douleurs abdominales, suivies plus tard seulement de vomissements; ou bien un enfant constipé habituellement, a quelques vomissements, se plaint de la tête, a un peu de fièvre, symptômes fugaces qu'on attribue à de l'embarras gastrique, puis quelques jours après, il est pris brusquement de vomissements alimentaires, puis bilieux, avec douleurs abdominales, présentant à ce moment seulement des signes nets d'appendicite.

Le début de l'appendicite, en effet, est marqué par deux grands symptômes : *les vomissements* ou *la douleur*, rarement les deux simultanés.

Dans plus de la moitié des cas, ce sont les *vomissements* qui ouvrent la scène. L'enfant, généralement constipé, quelquefois au contraire atteint de diarrhée, est maussade depuis quelque temps, il dort mal, ne mange pas bien, se plaint un peu de la tête, puis brusquement, le plus souvent pendant la nuit, a des vomissements alimentaires ou jaunâtres, rarement porracés d'emblée, vomissements jamais uniques, se répétant à deux ou trois reprises, généralement peu abondants et survenant sans efforts, en même temps qu'il se produit une légère élévation de température ; après quoi tout semble rentrer dans l'ordre : la nuit redevient calme, et le plus souvent les vomissements reprennent le lendemain dans la matinée, en même temps que la température augmente.

Quand, au contraire, le début est marqué par des *douleurs*, celles-ci peuvent se présenter avec deux caractères différents : elles sont sourdes, à augmentation progressive, d'une durée plus ou moins longue, avec accalmie, puis cessation complète, pour revenir quelques heures plus tard, ne laissant dans leur intervalle qu'un peu de gêne n'empêchant pas l'enfant de se rendormir ou de reprendre son état normal — ou bien elles prennent l'enfant brusquement, au milieu d'une bonne santé générale, l'obligeant à interrompre ses jeux, au cours d'une promenade, en plein sommeil, et dans ce cas, elles sont continues, gardant toujours la même acuité, ou avec une faible rémission, l'enfant se plaignant pendant son sommeil, s'il est parvenu à se rendormir. En tout cas, ces douleurs souvent accompagnées de contracture de la paroi abdominale, sont généralisées à toute la moitié droite de l'abdomen et à tout le bas-ventre, avec quelquefois irradiation vers la cuisse, pour ne se localiser que le lendemain ou les jours suivants à la région appendiculaire. Peu de temps après les douleurs, apparaissent quelques vomissements, on voit la température monter et le pouls s'accélérer.

Les difficultés, l'impossibilité quelquefois de l'interrogatoire du malade, les cris que pousse continuellement l'enfant, ne permettent pas de localiser un maximum douloureux, mais il semble cependant qu'on puisse rechercher le point de Mac Burney par une *palpation profonde, prolongée*, sans quitter la paroi abdominale, à l'expiration de chaque cri : souvent alors l'enfant interrompt ses cris et cherche à enlever la main qui explore ; mais la douleur localisée peut manquer soit dans les

formes graves, soit à cause de l'indolence générale,
ou du collapsus où est plongé le petit malade.

D'ailleurs, la *palpation* fournit, en plus de l'élément
douleur, des renseignements sur l'état de l'appendice,
sur la présence soit d'un abcès, soit d'une tuméfaction
dont on pourra rechercher les limites et l'étendue, et
l'on doit joindre à la palpation abdominale le *toucher
rectal*, qui permettra d'obtenir souvent des renseignements complémentaires, à cause de la situation pelvienne que présente assez fréquemment l'appendice
chez l'enfant. Quand la température n'est pas élevée,
quand la palpation de la fosse iliaque droite n'a rien
donné, (la paroi peut être souple, la douleur reportée
au niveau du pubis, le météorisme enfin peut gêner
l'exploration abdominale) même dans ces cas, Jalaguier
est arrivé souvent à « sentir une induration dans la
région du bassin occupée par l'appendice ; avec le
secours de la main abdominale, il est même parvenu
à reconnaître l'appendice tuméfié et douloureux ».

En plus des symptômes abdominaux, il peut exister
aussi des *symptômes pelviens*. Quand le foyer est pelvien, la douleur irradie quelquefois du côté de la
verge ou de la région périnéale, et on peut constater
une érection de la verge par suite de la congestion du
petit bassin ; les troubles vésicaux sont plus fréquents et
consistent en ténesme, douleur au moment des mictions,

pollakiurie, rétention; du côté du rectum on pourra trouver aussi du ténesme, des envies fréquentes avec ou sans coliques, et la constipation peut être telle, qu'elle simule l'occlusion intestinale : phénomènes qui s'expliqueront facilement par la découverte, grâce au toucher rectal, d'un abcès ou d'une tuméfaction.

Après avoir étudié les symptômes en général de l'appendicite chez le jeune enfant, son mode de début, et les moyens d'exploration, nous nous proposons d'examiner les divers aspects sous lesquels elle se présente, en clinique.

FORMES CLINIQUES

I. — Crise d'appendicite

Elle survient brusquement, sans prodromes, débutant soit par des vomissements, soit par des douleurs,
en tout cas ces deux symptômes apparaissant à peu
d'intervalle l'un de l'autre, la douleur présente une
acuité variable : brusque comme un coup de pistolet,
ou avec l'allure d'une indigestion vulgaire. L'abdomen est ballonné ou rétracté, avec paroi contracturée,
le moindre mouvement étant douloureux. Dans ce cas
la palpation ne peut être que superficielle et indique
une douleur vive dans la fosse iliaque droite, avec
maximum au point de Mac Burney. Les vomissements
sont à peu près constants, consistant en deux ou trois
évacuations alimentaires, quelquefois plus fréquents,
puis bilieux, indiquant la réaction péritonéale. La
constipation est la règle, et la température toujours
supérieure à la normale, en même temps que le
pouls devient de plus en plus fréquent. La durée de la

crise peut être de quelques heures ; en général elle est de 2 à 3 jours. Quand elle doit se terminer par la résolution, l'angoisse et les douleurs deviennent moins vives, les vomissements diminuent de fréquence, et il ne reste plus qu'un endolorissement du flanc droit qui s'atténue de plus en plus, permettant alors de pratiquer la palpation profonde qui montre une masse empâtée, puis indurée, diminuant, puis disparaissant à la guérison.

II. — Appendicite à rechute

La crise d'appendicite peut être unique, ne pas se renouveler, mais souvent cette première crise est suivie d'autres plus ou moins rapprochées, se reproduisant sous l'influence de la marche, des mouvements un peu violents, le plus généralement par la moindre tentative d'alimentation, comme nous en avons observé un cas relaté dans l'observation suivante :

OBSERVATION I. Inédite. Hôpital des Enfants Assistés, 1911. M..., Marcel, 5 ans. Enfant toujours bien portant.

A la fin de mai 1911, pendant une quinzaine de jours, il s'est plaint de douleurs intestinales. Au mois de juin, après le dîner, vers 10 heures, il a des vomissements alimentaires, avec douleurs généralisées, localisées le lendemain dans la fosse iliaque droite. Pendant la nuit, les douleurs subirent trois paroxysmes. L'enfant, purgé, va à la selle, mais un médecin appelé fait mettre de la glace et garder l'enfant au repos. Au bout de 4 à 5 jours, reprise de l'alimentation légère; le soir même, seconde crise, mais sans vomissements. Le malade reste encore trois jours à la diète, puis on reprend de nouveau l'alimentation légère, et aussitôt une troisième crise se reproduit, analogue à la seconde. Le malade conserve la glace pendant une quinzaine de jours, puis est mis au régime lacté et végétarien.

Pendant 4 ou 5 jours, il présente de la constipation qu'on combat avec des lavements, et huit jours plus tard, de la diarrhée qui persiste pendant deux mois, avec de l'entérite muco-membraneuse.

Entre à l'hôpital au mois de novembre 1911, à la suite d'une autre crise. L'état général est bon, mais l'enfant a mauvais appétit.

Opéré à froid. L'appendice remontant très haut présente de nombreuses adhérences. Guérison.

Une autre forme de l'appendicite à rechûte est celle où, la première crise paraissant guérie, une autre crise se reproduit au bout de plusieurs semaines, de plusieurs mois rappelant exactement la crise initiale ou se faisant sous forme différente, c'est-à-dire qu'au lieu d'être bénigne, elle peut s'accompagner d'abcès et même de péritonite généralisée.

OBSERVATION II Inédite. Hôpital Trousseau, 1911. J..., Blanche, 3 ans et demi.

Enfant ayant eu une première crise d'appendicite au mois de mai 1911; atteinte depuis, de coqueluche.

Le 10 juillet, vers 5 heures, elle se plaint de la tête, et a deux vomissements alimentaires dans la soirée.

Dans la nuit, sept ou huit vomissements alimentaires, en même temps qu'apparaissent des douleurs du côté droit de l'abdomen, toutes les demi-heures environ.

11 juillet, douleurs un peu calmées, mais vomissements verdâtres. Nuit assez bonne avec une selle normale.

12 juillet, on donne un lavement à l'enfant.

13 juillet, vers midi, la douleur réapparaît; on purge l'enfant.

La douleur augmente de plus en plus, la température est de 38°, le pouls à 134, petit.

Le ventre est douloureux à la pression, surtout à droite où il existe une contracture très nette, existant également à gauche mais moins marquée.

La percussion donne de la matité dans les parties déclives de l'abdomen ; sonorité seulement au niveau de l'épigastre. Le faciès est bon, le toucher rectal peu précis.

Opérée d'urgence. Incision en dehors des muscles droits.

Pas de liquide dans le péritoine, mais le cœcum, adhérent, est décollé. A ce moment, il s'écoule un verre à Bordeaux de pus très fétide. L'appendice est altéré. Pendant la dissection, il se dépouille complètement de sa tunique musculaire.

Le petit bassin paraît oblitéré par des adhérences, mais il y a du pus jusqu'à la ligne médiane en arrière.

L'appendice est *perforé* à sa pointe.

Décédée le 15 juillet.

III. — Appendicite Chronique.

Souvent à la suite d'une première crise d'appendicite, après la disparition des phénomènes alarmants, il persiste certains symptômes dans la fosse iliaque droite, symptômes ne se présentant que de temps à autre n'altérant pas l'état général, assez faibles pour ne pas attirer l'attention. Le plus souvent ce sont des douleurs passagères qui prennent un enfant au milieu de ses jeux, l'obligeant à s'arrêter, à porter la main à son ventre, comme s'il avait un point de côté ; puis la douleur disparaît, aussi brusquement qu'elle était apparue, ne laissant aucune trace, et l'enfant reprend ses jeux comme s'il ne s'était absolument rien passé. D'autres fois, l'enfant, se livrant à une occupation quelconque, présente un changement subit de coloration de la face, il pâlit, il devient même vert, sans se plaindre de quoi que ce soit, malaise que l'on attribuera à un coup de froid ou à toute autre cause. On voit aussi des enfants se mettre à table avec un bon appétit, puis brusquement montrer du dégoût pour des aliments qu'ils mangent d'habitude avec plaisir, comme s'ils agissaient par caprice. D'autres, sans être malades, avec les apparences d'une très bonne santé, ont de temps en temps de petits accès de fièvre. Mais ces accidents ne nécessitent presque jamais l'alitement du

petit malade. Si pourtant on examinait l'abdomen de
ces enfants, presque toujours la palpation profonde,
la pression au point de Mac Burney déterminerait
une douleur plus ou moins vive, et nombre d'entre
eux, conduits à la consultation, pour un de ces petits
malaises, se défendent dès qu'on se livre à cette manœuvre, cherchent à repousser la main qui les palpe en
montrant ainsi que cette palpation est douloureuse.

L'appendicite chronique se retrouve presque toujours dans les antécédents d'un malade en crise aiguë
et en insistant un peu sur l'interrogatoire des parents,
souvent ils se rappelleraient certains de ces symptômes auxquels ils n'attachaient aucune importance.
L'appendicite en effet est souvent chronique avant
d'être aiguë, comparable sur ce point à la dacryocys-
tite, ne se traduisant d'abord que par des picotements,
des brûlures, du larmoiement, cette période persistant pendant plusieurs mois, plusieurs années avant
d'aboutir à l'inflammation aiguë.

IV. Appendicite avec péritonite.

a) *Forme suraiguë.* — La péritonite s'installe d'emblée, confondant ses symptômes avec ceux de la crise
d'appendicite. Dans ces cas, les douleurs ne sont pas
toujours très vives ; et on ne trouve rien de particulier

à l'examen du ventre, mais l'état général paraît grave immédiatement, traduisant une intoxication septique très accentuée. Les vomissements sont incessants, parfois fécaloïdes, tandis que le pouls est de plus en plus fréquent, 160-180, jusqu'à devenir incomptable. La température n'est pas très élevée, elle est même quelquefois au-dessous de la normale.

Ces formes sont toujours rapidement mortelles, au bout de 24 à 48 heures.

OBSERVATION III. Inédite. (Hôpital Trousseau, 1912.)
B... Yvonne, 5 ans.

Aucun antécédent antérieur.

Le 25 mai 1912, à 6 heures du soir, l'enfant a des vomissements, en même temps qu'elle se plaint de douleurs abdominales atroces. Application immédiate de glace.

Le 26 mai, transportée à l'hôpital, avec faciès péritonéal, pouls à 140, mal frappé. Douleur abdominale généralisée. Ventre en bois, surtout à droite.

Elle est opérée d'urgence (33 heures après le début de l'affection). Un flot de pus sort à l'ouverture du péritoine. L'appendice est totalement gangrené et présente une *perforation*.

Décédée le 4 juin.

b) *Forme aiguë.* — ¡Elle est la continuation de la crise aiguë, ou bien la crise s'est amendée, tous les symptômes ayant disparu au bout de 24-48 heures. Mais bientôt réapparaissent des signes de péritonite généralisée, avec persistance des vomissements, symptôme révélateur le plus important: ils peuvent être fréquents ou rares, bilieux au début, puis fécaloïdes, quelquefois couleur marc de café (vomito negro appendiculaire de Dieulafoy).

L'enfant est inquiet, angoissé, son faciès est altéré.

L'intensité des douleurs est très variable, mais le plus souvent très aiguës, faisant crier l'enfant, rappelant les coliques de l'occlusion intestinale. Le pouls est de plus en plus fréquent, 160-180 mais la température dépasse assez rarement 38° 5-39, pouvant même être inférieure à la normale dans les dernières phases. Les urines sont assez rares, la constipation est complète, faisant rarement place à une diarrhée profuse. L'examen du ventre montre un ballonnement de plus en plus marqué, d'abord sous-ombilical, puis épigastrique, et finissant par envahir l'abdomen tout entier, les anses intestinales distendues se dessinant sur la paroi. Dans ces formes, le diaphragme s'immobilise de bonne heure.

La mort survient généralement en 8, 10 jours, mais dans les cas opérés à temps, la guérison est assez fréquente, et souvent il s'agit plutôt de la forme diffuse que de la forme généralisée de la péritonite.

OBSERVATION IV. dûe à l'obligeance de M. le
Dr Perrin. Service de M. le Pr Kirmisson. (Résumée.)
L... Raymonde, 2 ans. Nourrie au biberon, puis avec
du lait, des œufs, des bouillies, des purées : jamais de
viande.

Bronchite à 6 mois. Entérite à 1 an. Toujours constipée.

15 mai 1912, brusquement vomissement alimentaire à
4 heures du soir.

16 mai, calomel, puis huile de ricin, mais sans résultat;
le soir, lavement qui amène expulsion de matières très
dures. Pendant 3 jours, il n'y eut plus de vomissements,
l'enfant ne prend que de l'infusion de tilleul. Deux lavements chaque jour.

19 mai, seulement ce jour-là l'enfant commence à se
plaindre du ventre, en même temps que l'abdomen se
ballonne et que la constipation s'établit malgré les lavements toujours continués.

20 mai (5ᵉ jour), à 4 heures du soir, vomissements
alimentaires, puis jaune verdâtre, bilieux, qui ne cessent
qu'à l'entrée de l'enfant à l'hôpital des Enfants Malades,
salle Baudelocque où l'on trouve une enfant affaiblie, avec
faciès péritonéal. Température 38,5, pouls 180, petit,
fuyant, le ventre est ballonné, avec matité sous-ombilicale;
au toucher rectal, collection bombant dans la cavité pelvienne.

Opérée d'urgence. Dès l'ouverture du péritoine, il
s'écoule un flot de pus laiteux, puis du liquide séro-purulent fétide qui remplit tout le Douglas. L'appendice est
sphacélé et *perforé* à la partie moyenne.

Décédée 15 jours après l'opération de broncho-pneumonie.

c) *Forme insidieuse*. — Crise à début normal, puis les symptômes se calment pendant assez longtemps, et l'on pense à une évolution vers la guérison ou la formation d'un abcès. Il s'écoule ainsi une période de 8, 10 jours sans symptômes alarmants, la tempéra ture devient à peu près normale, le pouls diminue de fréquence, mais les vomissements, quoique rares, persistent, et le ventre est toujours volumineux et ballonné. Puis vers le 8e, 10e jour, l'état s'aggrave *brusquement*, comme s'il y avait une complication soudaine, et le malade meurt rapidement, avec cyanose et refroidissement, au milieu des symptômes d'intoxication de péritonite suraiguë, due le plus souvent à une perforation causée par la chute d'une plaque de sphacèle.

IV. — Appendicite avec péritonite localisée.

La formation du pus autour de l'appendice est rapide, comme on a pu s'en rendre compte d'après les opérations pratiquées dès les premières heures, mais c'est seulement au bout de 3, 4 jours qu'apparaissent les signes cliniques de suppuration.

Dans les formes aiguës, à marche rapide, les symptômes de l'abcès suivent de très près la crise initiale :

les vomissements s'arrêtent, le ballonnement diminue, le faciès s'améliore, mais la fièvre persiste, l'enfant souffre et la palpation permet de sentir les signes de la collection en formation.

Souvent l'évolution est moins rapide : la crise du début se calme, et vers le 3ᵉ jour se produit une sédation pouvant faire croire à la guérison, la fièvre disparaissant quelquefois complètement. Cependant dans la fosse iliaque droite, on sent un empâtement de plus en plus net, bientôt la température remonte, et l'abcès est constitué, se traduisant par des signes généraux et des signes locaux.

Signes généraux. Quelquefois fièvre à grandes oscillations, avec petits frissons et sueurs ; mais le plus souvent la fièvre est modérée, 38° le matin, 39, 39° 5 le soir, sans retentissement sur l'état général. Quelquefois aussi la fièvre manque et il n'y a alors que les signes locaux pour témoigner de la présence de l'abcès.

Signes locaux. Quel que soit le siège de l'abcès, on trouvera assez souvent de l'œdème de la paroi, avec veinosités apparentes, indiquant la suppuration profonde. Ces signes ne diffèrent pas de ceux que l'on constate chez l'adulte : l'abcès peut être iliaque, rétro-cœcal, pelvien, ou même apparaître du côté gauche ; mais le plus fréquemment l'abcès est pelvien, à cause de la situation assez souvent pelvienne de l'appendice chez l'enfant, et nous avons suffisamment insisté d'autre part sur l'importance du toucher rectal qui seul permettra quelquefois de le déceler.

ÉVOLUTION

L'évolution de l'appendicite dans la première enfance
est variable suivant la forme que revêt l'affection,
suivant aussi le traitement qui lui a été appliqué.

Le plus souvent, elle est bien différente de celle
qu'elle présente chez l'adulte, car elle est *très rapide*,
aboutissant en très peu de temps, malgré le traitement,
à la péritonite plus ou moins généralisée, qui s'installe en peu de jours avec sa dissociation du pouls et de
la température, et seule l'intervention peut sauver ces
malades, à condition toutefois d'intervenir à temps.

L'appendicite simple peut guérir spontanément et
de façon définitive, mais rien ne permet de prévoir dans
quels cas on obtiendra cette guérison, et nous avons
déjà vu qu'après une première crise une seconde survenait souvent, beaucoup plus grave. Il est incontestable que beaucoup d'appendicites légères, méconnues,
et traitées comme embarras gastrique, ont suivi cette
évolution, car dans nombre d'observations où les

malades étaient à leur « première crise » on a trouvé
soit à l'opération, soit à l'autopsie des traces de lésions anciennes: muqueuse altérée, le plus souvent
des adhérences plus ou moins nombreuses.

L'appendicite avec abcès peut guérir spontanément,
mais il semble bien douteux que le pus une fois for-
mé se résorbe; quand le gâteau péritonéal disparaît,
c'est que l'abcès central s'est ouvert un chemin au
dehors, mais le plus souvent c'est dans le péritoine
qu'il trouve une issue, d'où péritonite secondaire
rapidement mortelle, et cette *ouverture dans la cavité
péritonéale* paraît se faire du 10ᵉ au 15ᵉ jour après le
début de l'affection, ouverture soudaine et brusque,
emportant le malade en quelques heures alors qu'on
pouvait le croire guéri. Les collections purulentes
peuvent *s'ouvrir* aussi, *spontanément dans le rectum :*
cette issue mérite-t-elle le nom de complication ? Dans
six cas sur dix, qui ont été relevés dans la littérature
médicale, la terminaison en effet a été favorable; mais
cette évolution ne se rencontre guère que dans les
appendicites suppurées à foyer exclusivement pelvien,
et elle se produit vers le 15ᵉ jour. Comment se rendre compte des modifications qui se passent du côté
de l'appendicite pelvienne ? Le toucher rectal, répété
chaque jour, permettra de faire un examen complet du
foyer appendiculaire, et de se rendre compte, mais ra-

rement, de sa résorption progressive, ou de son évolution vers la suppuration. Dans ce cas, la muqueuse rectale, jusque-là indemne, s'épaissit, s'œdématie, perd sa souplesse, et finit par prendre la consistance de carton mouillé. La muqueuse, définitivement fixée, ne pouvant se déplisser sous le doigt, chaude et turgescente, commence à sécréter des mucosités jaunâtres qui annoncent une rupture proche de l'abcès pelvien dans le rectum; cependant cette ouverture dans le rectum constitue un mauvais drainage, il se produit une débâcle de pus par l'anus, procurant une amélioration immédiate, mais pouvant exposer à des phénomènes de septicémie.

L'ouverture spontanée dans le vagin est beaucoup plus rare, parce que la paroi du vagin est plus résistante que celle du rectum, et surtout, présente avec les abcès pelviens des rapports moins étendus que le rectum. Nous en avons recueilli un cas.

OBSERVATION V. Inédite. (Hôpital Trousseau, 1911.) R... Suzanne, 4 ans. Enfant habituellement constipée, a fait au début d'avril 1911 une rougeole normale. Le dimanche 23 avril, l'enfant se plaint de douleurs abdominales, et l'on constate un peu d'empâtement dans la fosse iliaque droite : le pouls cependant est à 84 bien frappé. On donne à l'enfant, le matin, une cuillerée à café d'huile de ricin. Dans l'après-midi, brusque changement, la température est de 37º, mais le pouls est à 130, en même

temps qu'apparaissent des vomissements bilieux, puis porracés, et que le ventre se météorise. La douleur, jusque-
là localisée dans la fosse iliaque droite, s'étend à tout
l'abdomen ; à ce moment, perte de pus par le vagin. Le
toucher rectal pratiqué est négatif. Dans la nuit du jeudi,
l'enfant est opérée d'urgence ; on trouve le cœcum un peu
rouge, adhérent à l'épiploon, mais on ne peut apercevoir
l'appendice perdu dans un abcès abondant, à pus très
fétide qui emplit tout le Douglas. Drainage.
Décédée le 3 mai.

La lecture des observations que nous avons recueillies
nous a permis de constater la *grande fréquence de la
péritonite*, qui constitue l'évolution presque fatale des
appendicites abandonnées à elles-mêmes, péritonites
consécutives à des *perforations* de l'appendice que l'on
constate beaucoup plus souvent chez le tout jeune
enfant que chez l'adulte ; mais nous ne voudrions pas
ne pas reconnaître que bien souvent l'état était singu-
lièrement aggravé sous l'influence des purgatifs et des
lavements. Dans la plupart des cas, dans presque tous,
un enfant atteint d'appendicite, mais ne présentant
que des vomissements et de la constipation, est traité
pour de l'embarras gastrique, on donne un purgatif,
un lavement, quelquefois plusieurs, et l'après-midi,
quatre jours plus tard au maximum, mais le plus
souvent dès le lendemain, l'enfant, qui jusque-là n'accusait aucune douleur, commence à se plaindre du ventre,

en même temps que la température augmente, que le pouls devient de plus en plus fréquent, et qu'apparaissent des signes très nets de péritonite nécessitant une opération d'urgence qui montre dans plus de la moitié des cas un appendice perforé.

Peut-on dans le tout jeune âge compter sur le refroidissement? Le fait nous semble bien rare, car dans une seule observation, nous avons vu une crise se terminer par la résolution (*Obs. XLVIII*). Dans les autres cas où avait été institué le traitement par la glace dès le début, l'évolution fut plus lente et l'on avait cru pouvoir laisser refroidir l'appendicite, mais elle se terminait au bout d'un temps plus ou moins long, généralement quelques semaines, soit par la péritonite localisée, soit par la péritonite généralisée et souvent par la mort.

ANATOMIE PATHOLOGIQUE

L'appendice est un organe extrêmement riche en
follicules clos qui présentent un développement exa-
géré dans l'épaisseur de la muqueuse. Il ne faut donc
pas s'étonner si, chez l'enfant dont les organes lym-
phoïdes sont eux aussi très développés, ses inflamma-
tions sont très fréquentes.

Lésions catarrhales, ulcéreuses, gangréneuses,
toutes se rencontrent dans l'appendice de l'enfant,
mais ce sont les plaques de sphacèle et les perforations qui s'y présentent avec le maximum de fréquence. En même temps il y a congestion évidente
des parois de l'appendice qui est souvent augmenté
de volume. Dans son intérieur on trouve du liquide
muco-purulent ou du pus véritable, avec altération
de la muqueuse, mais la présence de corps étrangers
est relativement rare, quoiqu'on y rencontre quelquefois, surtout dans les deux premières années de la vie,
des concrétions fécales et des calculs stercoraux. Plu-

sieurs de ces calculs étant sortis par les drains placés après l'opération, peut-être l'inflammation produite par ces corps étrangers, aboutirait-elle à l'atrophie de la muqueuse, préparant ainsi à leur niveau le travail de l'ulcération.

Plus souvent il existe sur le trajet de l'appendice des *modifications de calibre* assez prononcées, dilatations séparées les unes des autres par des resserrements pouvant aboutir à une oblitération complète, circonstance qui a donné naissance à la théorie du vase clos par laquelle on a voulu expliquer la pathogénie des accidents appendiculaires. Mais cette théorie n'est guère applicable qu'à un petit nombre de cas, car rarement l'appendice est transformé en une cavité close.

Les *torsions* de l'organe, ses *adhérences* surtout nous ont paru se présenter plus souvent, adhérences reliant intimement l'appendice au cœcum dont il était très difficile de l'isoler au cours de l'opération, le reliant même aux organes voisins et jusqu'à la face inférieure du foie. Les adhérences existent fréquemment dans toute la région iléo-cœcale, réunissant les dernières anses d'intestin grêle entre elles et à la paroi abdominale, et souvent elles ont paru jouer un rôle protecteur, limitant un foyer inflammatoire, s'opposant à l'envahissement total du péritoine.

Parfois la muqueuse de l'appendice est *sphacélée*, gangrenée et l'organe baigne tout entier dans le pus ; mais la lésion qui nous a semblé se présenter le plus fréquemment est la *perforation* que nous avons relatée dans 24 cas sur 72 appendices examinés à l'opération ou à l'autopsie, perforation en général unique, mais dans plusieurs cas multiple (cinq dans une observation), le plus souvent située à la pointe de l'organe, plus rarement à la partie moyenne ou au niveau de l'insertion sur le cœcum. Chaque fois qu'il y avait perforation nous avons vu l'appendice plonger dans un abcès plus ou moins étendu, dont le pus était complètement libre dans le péritoine, ou maintenu par des adhérences ; dans le premier cas cependant plus souvent la séreuse péritonéale envahie en entier était remplie par du liquide séro-purulent.

DIAGNOSTIC

L'appendicite est plus difficile à diagnostiquer chez
le tout jeune enfant que chez l'adulte, et les principales
difficultés sont : le début si variable de cette affection,
l'impossibilité fréquente de l'interrogatoire, la défense
de l'enfant qui se prête mal à la palpation, ses cris
presque continuels empêchant de localiser un maximum douloureux, et si l'enfant est un peu plus âgé,
ses erreurs d'interprétation : l'enfant, en effet, ne
localise pas toujours ses douleurs abdominales du côté
droit, mais plutôt à l'ombilic ou au creux épigastrique, se plaignant le plus souvent de l'estomac. Tout
jeune enfant accusant des douleurs dans le ventre, en
quelque point que ce soit, sera donc suspect, et l'on
devra chez lui, au moins penser à l'appendicite ; d'ailleurs les affections abdominales qu'on peut trouver
dans la première enfance sont en nombre assez restreint,
et les risques d'erreur sont de ce fait bien réduits.

L'erreur la plus courante consiste à prendre la crise

d'appendicite pour de la *gastro-entérite,* pour un *embarras gastrique* banal, et nous avons assez insisté sur l'influence néfaste que jouait dans ce cas l'administration des vomitifs, lavements et purgations.

La *pneumonie* peut, elle aussi, se confondre, au début du moins, avec l'appendicite ; chez l'enfant en effet le point de côté initial fait le plus souvent défaut, l'enfant se plaignant plutôt de souffrir du ventre ; on trouve souvent les mêmes vomissements, mais le peu de netteté des symptômes douloureux, la souplesse du ventre et surtout la percussion et l'auscultation du thorax, principalement du creux axillaire, permettront d'éviter cette erreur.

Quelquefois, dans la *coxalgie* au début, l'enfant se plaint de douleur dans la fosse iliaque, mais en même temps il se plaindra le plus souvent de douleurs dans les genoux ; en tout cas, jamais il n'y aura de phénomènes péritonéaux.

La *diverticulite* emprunte tout à fait le tableau clinique de l'appendicite et ce n'est souvent qu'à l'ouverture de l'abdomen qu'on peut faire le diagnostic.

Un diagnostic aussi difficile à établir est celui de la *fièvre typhoïde* au début, l'enfant étant dans le même état de prostration, avec la même élévation de température, avec les mêmes vomissements, quelquefois de la douleur dans la fosse iliaque droite ; mais cette maladie, surtout fréquente à partir de cinq ans, est exceptionnelle dans le tout jeune âge, quoique Parrot en ait observé des cas dans la première année et même à l'âge de six mois.

Dans une appendicite débutant par des vomissements, le diagnostic pourra être hésitant avec une *péritonite tuberculeuse*, ou à *pneumocoques*, ou à *gonocoques* ; mais les antécédents, les abcès antérieurs, la forme elle-même du gâteau péritonéal, présentant des zones de matité à côté de zones sonores, permettront d'écarter la péritonite tuberculeuse ; la péritonite à pneumocoques s'accompagne dès le début de diarrhée, au lieu de la constipation qu'on trouve dans l'appendicite ; la péritonite à gonocoques, assez fréquente chez les petites filles atteintes de vulvo-vaginite, peut, elle aussi, avoir un début brusque, mais le plus souvent elle évolue vers la guérison; de plus, dans ces .péritonites, la douleur est plus diffuse que dans l'appendicite, et elle n'est pas localisée dans la fosse iliaque droite.

Le *psoïtis* ne s'accompagne pas de symptômes péritonéaux, et de plus le malade a une attitude spéciale, portant le membre inférieur en flexion forcée et rotation externe.

L'intensité de la constipation et les vomissements peuvent faire penser à l'existence d'une *hernie étran-*

glée, mais le doute sera levé dès qu'on aura fait l'examen des orifices herniaires, et l'on peut même avoir, dans une hernie, l'appendice descendu avec le cœcum, capable même de contracter des adhérences avec le sac herniaire, comme M. Kirmisson en a observé un cas.

L'affection présentant le plus de symptômes analogues à ceux de l'appendicite est surtout l'*invagination intestinale*, du reste fréquente chez le nourrisson : on y trouve en effet constipation, douleurs, ballonnement, matité et même tuméfaction dans la fosse iliaque droite, mais le début de l'appendicite est marqué par de la fièvre, qu'on ne trouve pas dans l'invagination intestinale ; les douleurs de l'occlusion n'existent pas en dehors des coliques ; il y a de plus évacuations de glaires sanguinolentes, et les vomissements ne tardent pas à devenir fécaloïdes ; enfin la tumeur qu'on sent dans la fosse iliaque, le boudin d'invagination, est mobile transversalement.

La présence d'une masse fluctuante pourra faire hésiter entre un abcès appendiculaire, un abcès de la fosse iliaque, un *abcès par congestion* ; mais l'apparition de symptômes péritonéaux, la présence ou l'absence de lésions du squelette, les antécédents, la chronicité de l'affection, l'apyrexie permettront de trancher la difficulté.

Une seule fois la palpation révélait dans l'abdomen des masses bosselées, fluctuantes, faisant établir le diagnostic de *tumeurs abdominales*, probablement rein et foie polykystiques congénitaux (Obs. XII).

Enfin il faudra attacher une grande importance au faciès, si rapidement altéré chez le tout jeune enfant, ne pas oublier de pratiquer le toucher rectal qui fait sentir de l'empâtement ou une collection dans le pelvis, et surtout penser à l'appendicite, car de la précocité du diagnostic dépend beaucoup le sort du petit malade.

PRONOSTIC ET TRAITEMENT

Le pronostic de l'appendicite dans la première enfance est beaucoup plus sombre que chez l'adolescent et l'adulte ; la lecture des observations que nous avons recueillies montre en effet que sur 70 cas opérés, l'issue en a été fatale 27 fois, soit une mortalité de 38 %, malgré une intervention précoce, les opérations ayant été pratiquées au plus tard quatre jours après le début de l'affection.

Les cas de mort peuvent se répartir de la façon suivante :

Enfants de moins d'un an			11
— de 1 à 2 ans			6
— » 2 à 3 »			3
— » 3 à 4 »			6
— » 4 à 5 »			1

Il est à remarquer que jusqu'à l'âge d'un an, aucun cas de guérison n'a été observé, mais le pronostic est sans doute rendu plus grave jusqu'à cet âge à cause de la difficulté plus grande du diagnostic et de l'absence de traitement. En tout cas, chez tous, sauf un décédé de broncho-pneumonie, la mort a été causée par la péritonite, ces 27 malades étant tous, excepté un, à leur première crise d'appendicite. Ceux, par contre, chez lesquels on a obtenu la guérison, ont été, eux aussi, opérés le plus souvent en pleine péritonite, présentant soit des abcès, soit des perforations de l'appendice, tant est rapide, comme nous l'avons déjà signalé, l'évolution de l'appendicite.

Mais cette gravité effrayante du pronostic est-elle réelle, et n'y a-t-il pas des cas nombreux d'appendicite à allure moins bruyante et plus bénigne, terminés par la guérison, qui ont passé inaperçus au milieu de phénomènes d'entérite ? La question paraît bien difficile à trancher.

L'appendicite donc est fort grave chez les tout petits, mais la lecture des observations publiées laisse cette impression que l'issue fatale a été le plus souvent due non pas tant à la marche foudroyante de la maladie, qu'à l'absence ou au retard du diagnostic, ou bien, le diagnostic ayant été fait, au retard apporté à l'intervention chirurgicale qui seule paraît capable de donner de bons résultats, du moins des résultats durables.

Le traitement médical ne peut qu'ajourner la solution : il ne résoud rien. L'enfant n'éprouvera qu'un bénéfice médiocre et temporaire ; il semblera amélioré, présentant une accalmie plus ou moins longue, mais sans aucune garantie pour l'avenir. Dans nos observations, un seul cas d'appendicite a été traité médicalement, il y a deux ans, mais n'a-t-il pas été opéré depuis? Quant aux autres malades qui avaient été soignés par la glace au cours d'une crise antérieure, ils sont revenus à l'hôpital au bout d'un mois à sept mois, présentant une crise plus grave que la première, souvent avec de la péritonite nécessitant une intervention d'urgence et il nous semble qu'« il y a tout avantage à faire l'opération précoce, à condition naturellement que le diagnostic soit certain ou tout au moins infiniment probable. L'opération précoce paraît seule capable, non pas de réduire à zéro, mais de réduire dans des proportions notables, la mortalité encore énorme de l'appendicite aiguë ».

Nous n'insisterons pas sur la technique opératoire qui ne diffère pas de celle suivie chez l'adulte, nous bornant à indiquer quelques points de détail, surtout post-opératoires, et pré-opératoires. Il est à remarquer que, au moment de l'opération, souvent l'enfant est en pleine péritonite, presque mourant, et que cependant il supporte bien l'intervention et le chloroforme. Quand le malade est endormi, il sera utile de palper de nouveau l'abdomen, cette palpation étant très diffi-

cile au lit du malade, pour compléter ses renseignements et localiser son incision. Au cours de l'opération,
il ne faudra pas négliger d'explorer le cul-de-sac de
Douglas, à cause de la fréquence de la péritonite diffuse; on le trouve souvent rempli de pus, et il sera
bon de bien drainer le Douglas en y laissant deux
drains auxquels on en adjoindra un troisième dans la
fosse iliaque, près du cœcum.

Après l'opération, le petit malade reporté dans
son lit, est mis en position demi-assise (position de
Fowler); on lui fait des injections répétées d'huile
camphrée. Pour le soutenir, on lui fera des injections
de sérum physiologique; mais les injections sous-
cutanées sont souvent douloureuses: elles font souffrir
l'enfant qui crie, s'agite, mobilise son intestin, alors
qu'il lui faudrait un repos complet; c'est là un incon-
vénient qu'on pourrait éviter en remplaçant ces injections de sérum par la grande irritation rectale continue,
et goutte à goutte suivant la méthode de Murphy.
Pour calmer l'agitation du petit malade, on pourra
même lui faire une injection de morphine à faible
dose.

Après l'intervention, l'amélioration est très rapide;
le petit malade est vite remonté, plus vite que les
grands enfants et les adultes. Il est inutile de refaire
le pansement avant le quatrième ou cinquième jour,

pour laisser au péritoine le temps de faire des adhérences. Vers le huitième jour, ou pourra enlever un drain, les autres vers le douzième jour. Au bout de cinq jours, on donnera un lavement d'huile au malade, et si le lavement n'amène pas de selle, on pourra lui donner une cuillerée à café d'huile de ricin.

La guérison survient en 6 semaines, deux mois et dans un seul cas nous avons vu un malade revenir à l'hopital pour éventration.

OBSERVATIONS

OBSERVATION VI

*Albrecht. Société Império-royale des médecins
de Vienne,* nov. 1905.

Garçon d'un mois, entré moribond à l'hôpital, sans
qu'on sache rien de son histoire.

A l'autopsie, on trouve une péritonite purulente généralisée, avec de nombreux abcès disséminés entre les
anses intestinales, dans les fosses iliaques, dans le Douglas.

Au centre d'un de ces abcès occupant la région iléo-
cœcale, on découvrit un appendice relativement gros et
long, adhérent à la paroi du cœcum, et *perforé* à son
extrémité. Le pus contenait du coli-bacille et du strepto-
coque.

OBSERVATION VII (RÉSUMÉE).

Bamberg. Uber appendicitis bei Saüglingen.
Inaugural Dissertation. Leipzig, 1905.

Hans B..., âgé de 5 semaines. Enfant nourri au biberon. Très bien portant depuis sa naissance jusqu'à la fin
de mai 1904. A cette époque apparut sur le cou une érup-

tion qui s'étendit à tout le corps. Enfant très agité, avait de la fièvre et s'amaigrissait. L'examen montre un enfant dans un mauvais état général.

Selles fétides, vertes, diarrhéiques, avec du mucus.

Temp. 37,8. Pouls 120.

Le 25 juin (7 jours après l'entrée) amélioration passagère.

Le 27, collapsus et mort.

La température est restée entre 35,5 et 37,6 ; le pouls entre 115 et 160.

Autopsie. Pas de liquide dans la cavité abdominale, mais exsudat fibrino-purulent entre le rein droit et le cœcum. L'appendice est coudé en V et adhérent, du volume d'un crayon, de coloration gris brunâtre, avec enduit purulent.

L'ouverture de la lumière appendiculaire montre une muqueuse tuméfiée, friable, ulcérée.

OBSERVATION VIII (RÉSUMÉE).

Goyens. *Annales de la Société médico-chirurgicale de Liège,* mars 1900.

Garçon de six semaines, nourri à l'eau sucrée et au lait bouilli. Il ne tarda pas à avoir une diarrhée abondante et fétide, de la gastro-entérite avec athrepsie. Une tuméfaction apparut dans la région de l'aine droite et la moitié scrotale correspondante ; on porta le diagnostic de hernie étranglée.

Entrée à l'hôpital. Temp. 36,5. Pouls incomptable. Faciès altéré. Ventre un peu ballonné, peu sensible à la pression. Tuméfaction molle, presque fluctuante, non réductible, sans gargouillement dans la moitié scrotale et la région inguinale du côté droit. Pas de vomissements.

Le lendemain soir, 2 selles normales, puis aggravation et mort.

A l'autopsie. Péritonite généralisée. Anses intestinales agglutinées. Le processus péritonéo-vaginal droit communique avec la cavité abominale et contient un liquide trouble. Dans la région cœcale, un peu de pus fétide où baigne l'appendice, même pus, en plus grande quantité, dans le bassin.

L'appendice, non hernié, montre à son quart inférieur une *perforation* irrégulièrement arrondie, de 3 mm. de diamètre. La muqueuse est tuméfiée au-dessus. Pas de corps étranger.

OBSERVATION IX (RÉSUMÉE).

Demme. *XXIII med. Bericht über die Thätigkeit der jennerschen Kinderspital in Berne*, 1885.

Fille de six semaines, élevée avec du lait de vache et des bouillies depuis l'âge de cinq jours. Constipation habituelle : selles fermes, tous les 2 jours seulement.

Entrée à l'hôpital : ballonnement du ventre surtout à droite, et douleur à la pression, dans la région cœcale. Temp. 39,2. Pouls 140. Teint subictérique.

Diagnostic. Péritonite au début, d'origine cœcale ou appendiculaire. Mort le 8ᵉ jour après l'entrée de la malade.

Autopsie. Péritonite généralisée, notamment dans la région cœcale. Appendice très dilaté, adhérent au cœcum. Il contient vers la pointe des masses fécales et à sa base des masses molles de bouillie non digérées. La muqueuse est par places nécrosée, ailleurs ulcérée. Pas de perforation.

OBSERVATION X (RÉSUMÉE).

Blumer et Shaw. *Archives of Pediatrics.*

Août 1911.

Garçon de huit semaines, nourri avec des préparations diverses. Il présente successivement une ophtalmie gonococcique, du muguet, un abcès ischio-rectal.

La maladie actuelle débuta par de l'anasarque et de la prostration.

Temp. 37,8. Abdomen tendu, non douloureux, mouvements péristaltiques visibles. Urines normales. Une selle contenant du sang, du pus, du mucus, des aliments non digérés.

Mort dans le coma le troisième jour.

Autopsie. Adhérences entre le cœcum et l'anse sigmoïde. Au milieu des adhérences, abcès contenant 10 centim. cubes de liquide brun chocolat. L'appendice baigne dans l'abcès par sa *pointe* complètement *nécrosée*.

OBSERVATION XI (RÉSUMÉE).

Griffith. *Archives of Pediatrics*, octobre 1901.

Fille de 3 mois, sans histoire pathologique antérieure.

Début par douleurs et diarrhée. Puis à partir du lendemain, arrêt des matières, sauf un peu de sang. Un vomissement.

Le quatrième jour, collapsus, pouls rapide et faible, yeux excavés.

Temp. 38,7 à 40,5. Abdomen tendu, ballonné, palpation impossible, toucher rectal négatif. On porte le diagnostic d'occlusion intestinale et on administre de grands lavements qui ne ramènent qu'un peu de mucus et de matières rouges.

L'enfant n'est pas opérée : elle meurt le 5ᵉ jour.

Autopsie. Péritonite généralisée à liquide louche et fausses membranes. Appendice rétréci à sa partie moyenne sans agent de constriction vrai. Sa moitié distale est rouge noirâtre, mobile. Dans cette région, l'examen microscopique montre un processus chronique ancien, et un processus aigu surajouté. Pas de corps étranger.

OBSERVATION XII

Albrecht. *Loc. cit.* (Obs. 2).

Garçon de 3 mois, présentant depuis six semaines des accès de fièvre intermittente. La palpation révélait dans l'abdomen la présence de masses bosselées vaguement fluctuantes. On fit le diagnostic de tumeurs abdominales, probablement rein et foie polykystiques congénitaux.

Autopsie. Elle montre qu'il s'agissait d'abcès péritonéaux disséminés un peu partout. Un gros abcès, du volume d'une pomme, siégeait entre la paroi abdominale et le lobe droit du foie, contenant du pus jaunâtre, épais, et l'*extrémité perforée* de l'appendice ; celui-ci se trouvait réfléchi en haut, et longeait, en y adhérant, le bord interne du côlon ascendant.

OBSERVATION XIII (RÉSUMÉE).

Betz. *Memorabilien*. Heilbronn. 1870, XV p. 118.

Garçon de 7 mois. Congestion pulmonaire à 5 mois.

Début brusque par douleurs violentes sans localisation nette, ventre souple, non ballonné.

Le deuxième jour, vomissements, ventre chaud, ballonné. Pas de gaz par l'anus, peu de matières malgré les lavements.

Les vomissements deviennent incessants et verdâtres, le ventre tendu. Pas de maximum douloureux à la pression. Diagnostic : Iléus. Mort le 3e jour.

Autopsie. Dans la région iléo-cœcale, exsudat inflammatoire récent. L'appendice adhérent aux anses de l'iléon est recouvert d'un exsudat fibrineux, et présente une *perforation* de la grosseur d'une aiguille à tricoter.

OBSERVATION XIV (Résumée)

Kirmisson. *Revue de Chirurgie*, 10 oct. 1906.

R.., Eugène, onze mois : aucun antécédent pathologique. Le début de l'affection actuelle remonte au 6 janvier 1906. L'enfant est allé à la selle ce jour-là, pour la dernière fois, vers quatre heures de l'après-midi ; dans la soirée il était grognon, se plaignait, avait l'air de souffrir. Un vomissement alimentaire dans la nuit. Le lendemain matin, le ventre était déjà augmenté de volume, les douleurs persistaient. Le surlendemain, l'état s'aggravant, l'enfant est transporté à l'hôpital des Enfants Malades ; depuis le début de l'affection il n'est pas allé à la selle, et n'a pas, non plus, rendu de matières sanguinolentes par l'anus.

Examen (soixante heures environ après le début des accidents).

Développement énorme du ventre, entraînant un élargissement de la base du thorax. La peau de l'abdomen est tendue, comme amincie. A sa surface on voit des veinosités bleuâtres. A gauche de l'ombilic, plaque rougeâtre de la dimension d'une pièce de 1 franc.

La palpation montre que le ventre est tendu, mais cette tension même ne permet pas la palpation profonde. La pression est douloureuse, et le maximum de la douleur semble être dans la fosse iliaque droite. Rien au toucher rectal.

L'état général paraît très gravement atteint, faciès plombé, yeux excavés, langue blanche et sèche, malade dans la prostration. Temp. 39,2 — Pouls 120, petit.

L'examen des orifices herniaires les montre absolument libres. Devant le développement énorme du ventre, l'absence complète de matières, le jeune âge du malade, la douleur et la submatité dans la fosse iliaque droite, le diagnostic reste très hésitant entre une appendicite et une invagination intestinale. Quel qu'il soit, d'ailleurs, une intervention s'impose, et elle est pratiquée immédiatement.

Opération. Chloroformisation. A peine le péritoine ouvert, on voit sortir de la sérosité purulente d'odeur fécaloïde. L'appendice, très long, dépourvu d'adhérences, et très friable, présente à sa partie moyenne une plaque de sphacèle. Au niveau de la plaque rouge signalée sur la partie latérale gauche de l'ombilic, on fait un débridement de la paroi : il s'échappe de là aussi de la sérosité purulente. Décès le même jour vers 5 heures du soir, après temp. de 40,2. L'autopsie n'a pu être faite.

Pièce. Appendice long de 6 à 7 centimètres, augmenté de volume, vascularisé, légèrement incurvé. A l'union du tiers supérieur et des deux tiers inférieurs, tache noirâtre, à grand axe vertical, de 1 centim. environ sur 5 millimètres, et répondant à une portion renflée de l'appendice. L'examen de cette tache montre qu'il s'agit d'une *perforation*. Au niveau de cette perforation, et sur le bord concave de l'appendice, se voient, de chaque côté du méso, deux autres perforations, complètes aussi, mais beaucoup plus petites.

OBSERVATION XV (Résumée)

Schüle. *Beitrag zur Perityphlis in Kindesalter.*
Thèse de Zürich, 1902 (obs. 42).

Fille d'un an, nourrie au lait et aux soupes, jusqu'alors bien portante. Début brusque, après l'absorption de fraises, par un vomissement, ballonnement du ventre, fièvre.

Les jours suivants, météorisme prononcé, vomissements porracés fréquents ; arrêt complet des matières. Temp. 38. Pouls 150.

Palpation abdominale plus douloureuse dans la région iléo-cœcale.

Diagnostic : péritonite par perforation.

Intervention le 4e jour. Laparotomie dans la fosse iliaque droite, donnant issue à du pus d'odeur fécaloïde.

L'appendice adhérent n'est pas enlevé. Mort le lendemain.

Autopsie. Péritonite généralisée. L'appendice adhérent, épaissi dans sa moitié proximale est coudé à angle droit. Il est *perforé* à ce niveau et présente plus bas deux autres perforations.

OBSERVATION XVI. (RÉSUMÉE)

Taylor. *Boston medical and surgical Journal*, 20 mai 1897, p. 482

Garçon d'un an et six jours, bien développé, bien nourri.

Début dans la nuit par un vomissement, suivi de cris violents et prolongés.

Les jours suivants, vomissements fréquents, muqueux et alimentaires.

Selles normales, T. 37,7 à 38,7. Pouls très rapide. A la palpation, pas de tuméfaction, pas de douleur localisée.

Le troisième jour, l'abdomen se ballonne un peu.

Le quatrième, ballonnement considérable, vomissements noirâtres.

Diagnostic : occlusion intestinale.

Laparotomie médiane le quatrième jour. La cavité abdominale contient une grande quantité de pus clair. Seconde incision dans la fosse iliaque droite.

L'appendice est boursouflé, rouge, adhérent. Il est *perforé* sur le bord mésentérique, à son tiers inférieur.

Mort le cinquième jour.

OBSERVATION XVII (RÉSUMÉE).

Glazebrook *New-York medical Journal*
11 mars 1905. p. 483.

Fille de 14 mois, nourrie au biberon, bien portante, sauf quelques coliques.

Début brusque par frisson, dyspnée, point de côté thoracique, qui font porter le diagnostic de pneumonie. Evolution extrêmement rapide, mort le soir même.

Autopsie. A l'ouverture de l'abdomen, on voit le grand épiploon présentant une adhérence ancienne, solide, à la partie moyenne de l'appendice qui est ainsi attiré en haut et coudé. Au voisinage de cette adhérence, l'appendice est *perforé*, et il s'en écoule du pus vert. On trouve dans la lumière de l'appendice une épingle à tête noire dont la pointe est située au niveau de la perforation.

OBSERVATION XVIII (RÉSUMÉE).

Schüle. *Loc cit.* (observation 24).

Fille de quinze mois, nourrie seulement avec du lait.

Début brusque par fièvre, agitation, vomissements, constipation. On ordonne du calomel et des lavements.

Le troisième jour, météorisme, diminution de la matité hépatique. Matité dans les parties déclives. Palpation douloureuse. T. 40. Pouls 114, vomissements.

Les jours suivants, la température et les vomissements persistent.

Le 7e jour, hypothermie et mort.

Autopsie. Dans la cavité abdominale, anses grêles distendues et revêtues d'un exsudat ʃfibrino-purulent. Dans la fosse iliaque droite, gros abcès où plonge l'appendice volumineux ; ce dernier présente près de sa pointe une *perforation* et contient à ce niveau un calcul stercoral.

OBSERVATION XIX (RÉSUMÉE).

Gyr. Contribution à l'étude clinique de l'appendicite chez les enfants en bas âge.

Thèse de Lausanne, 1903 (obs. 7)

Fille de 18 mois, née à terme de parents bien portants.

Début en pleine santé par vomissements avec cris, pleurs, maux de ventre, anorexie, fièvre. Les vomissements se répètent les jours suivants. Selles rares et glaireuses. Temp. de 30,5 à 39,5.

Le neuvième jour, yeux cernés, teint plombé, nez pincé, langue sèche et sale, pouls imperceptible. Cœur et poumons normaux.

Abdomen dur, tendu, ballonné, douloureux partout, mais beaucoup plus dans la région iliaque droite. On y sent une résistance plus forte qu'ailleurs et l'on obtient de la submatité.

Par le toucher rectal, résistance vague, douloureuse à droite. T. 36,5.

Le dixième jour, amélioration légère.

Le onzième, aggravation et mort.

Pas d'opération ; l'autopsie n'a pu avoir lieu.

OBSERVATION XX (RÉSUMÉE).

Gyr. *Loc. cit.* (obs. 9).

Fille de 18 mois, allaitée au sein pendant 6 mois seulement. Soignée depuis l'âge de quinze mois pour rachitisme très prononcé. Constipation opiniâtre. Dilatation d'estomac. Amaigrissement, 2 pneumonies successives.

A la fin de la deuxième pneumonie, l'abdomen est tendu. On constate la stagnation des matières fécales formant une tumeur de la grosseur d'une mandarine dans le côlon ascendant. La malade est soignée avec de grands lavements. De temps en temps, poussées fébriles avec ventre ballonné. Selles rares.

Un mois après environ, on perçoit à la partie inférieure de la première tumeur persistante, une deuxième masse très douloureuse. Quelques jours après, la malade a de la fièvre et des vomissements.

Puis les vomissements cessent, la tumeur semble diminuer, mais bientôt l'enfant succombe avec une température de 38º sans nouveaux symptômes. La maladie a évolué en deux mois.

Autopsie. Au-dessous du cœcun, adhérences péritonéales, limitant une collection purulente fétide, grosse comme une noisette et qui semble en partie résorbée. L'extrémité libre de l'appendice fait partie de l'abcès : l'organe est *sectionné* à 4 cm. de son insertion.

OBSERVATION XXI (RÉSUMÉE).

Millon. *Archives de médecine des enfants*, mai 1899, p. 285.

Fille de 19 mois, bien portante, nourrie au sein jusqu'à onze mois, puis avec des bouillies, des panades, des œufs. Jamais de troubles digestifs, mais constipation habituelle.

Début par fièvre et constipation plus marquée.

L'enfant est examinée le troisième jour. T. 39,2. Douleur et défense dans tout l'abdomen. Pas de douleur spontanée. La diarrhée a remplacé la constipation. On donne du calomel.

Les jours suivants, 'la température tombe, le pouls reste à 130-140. L'enfant reste abattue, et la douleur abdominale tend à s'accentuer dans la fosse iliaque droite.

Le septième jour, la température remonte à 39.5, le pouls à 150. Hyperesthésie, défense musculaire, et un peu de résistance dans la fosse iliaque droite. On porte le diagnostic d'appendicite.

Le 8e jour, chloroformisation. On sent alors une collection. Incision dans la fosse iliaque. Il s'écoule un flot de pus jaune fétide, dont l'origine est derrière le cœcum; l'appendice n'est pas recherché. Drainage.

Trois jours après, sort par la plaie un calcul stercoral de la grosseur d'un noyau d'olive. Il persiste une fistule stercorale, qu'il faut fermer deux mois après. Guérison.

OBSERVATION XXII (RÉSUMÉE).

Nageotte-Wilbouchewitch. *Bulletin de la Société de Pédiatrie*. Paris, 1910, p. 315.

Garçon de 20 mois, élevé au biberon. Diarrhée les premiers mois, malgré un bon développement. Plus tard, troubles digestifs, renvois, mauvaise haleine, fièvre légère, sans vomissements, diarrhée, ni constipation. Fin avril, retour des accidents, mais avec 40° puis 38, 2 le lendemain ; pas de douleurs abdominales spontanées ni à la palpation. Le diagnostic est fait à cause de la mère et du frère.

Les accidents se calment : diète et suppression du lait mal digéré depuis quelque temps, mais l'enfant ne reprend ni appétit, ni bonne mine.

Le 29 mai (un mois plus tard) vomissements, douleurs spontanées à l'épigastre et dans la région lombaire. A la palpation, pas de défense musculaire au point de Mac Burney.

Application de glace sur l'abdomen.

30 mai. Mac Burney très peu sensible, toucher rectal négatif.

10 juin (12 jours après le début de la crise) opération. Appendice induré, senti à travers la paroi (sous chloroforme). Il s'écoule du péritoine un peu d'exsudat liquide. L'appendice congestionné est rempli de concrétions (pépins de fraises mangées 15 jours avant la dernière crise).

Histologiquement : muqueuse appendiculaire enflammée ; pus dans les glandes de l'extrémité cœcale. Débris de *muqueuse sphacélée* dans la lumière de l'appendice.

Guérison.

OBSERVATION XXIII (RÉSUMÉE).

Perrin. *Journal de médecine de Paris,*
n° 48, novembre 1912.

Garçon de 20 mois, nourri au biberon, puis aux farines lactées et aux œufs. En juillet 1911, entérite qui persiste un mois.

Très constipé depuis huit jours, quand le 2 juin 1912, vers 9 h. du soir, brusquement il se plaint pour la première fois de douleurs dans le côté droit de l'abdomen. Nuit assez bonne. Le lendemain, enfant grognon, sans appétit ; vers 3 h. premier vomissement alimentaire, avec point légèrement sensible dans la fosse iliaque droite ; dans la soirée, nausées et fièvre.

Le 4 juin : temp. 39, la mère donne un lavement à 9 h. fosse iliaque droite plus douloureuse, glace, laudanum, diète. Le soir, temp. 40° 5. Transporté à l'hôpital. Teint plombé, yeux cernés, temp. 39. Pouls 168 petit.

Opération d'urgence. Le péritoine ouvert, il s'écoule un verre à Bordeaux de liquide séro-purulent. Le cœcum apparaît aussitôt avec l'appendice, tous deux libres d'adhérences ; celui-ci est turgescent, presque aussi gros que le petit doigt, long de 4 centim. et *perforé*. Avec l'index, exploration du Douglas, qui donne issue à du liquide purulent, on ne sent pas d'adhérences : péritonite en pleine diffusion.

Guérison.

OBSERVATION XXIV (RÉSUMÉE).

Holmes. *British and american Journal of medical and physical Sciences*, mai 1847, p. 285.

Garçon de 20 mois, bien portant.

Début par agitation et fièvre ; puis abattement et constipation. Il n'y eut pas de douleurs abdominales, ni de vomissements; pas de météorisme. Le 7ᵉ jour, l'abdomen devient subitement dur et tendu. Collapsus et mort.

Autopsie. Aspect inflammatoire des anses intestinales

situées au voisinage du cœcum. L'appendice présente sur le bord gauche une *perforation* à bords déchiquetés.

OBSERVATION XXV (résumée).

Weiss et Février. *Revue de Chirurgie*, juillet 1898, obs. 2, p. 599.

Garçon de 20 mois. Début brusque par douleurs abdominales augmentées par la pression dans la fosse iliaque droite avec empâtement à ce niveau. Fièvre, vomissements.

Le cinquième jour, défense musculaire, douleurs à la pression et empâtement persistant dans la fosse iliaque droite. Ballonnement du ventre. Sous chloroforme, on perçoit de la fluctuation.

Le septième jour, laparotomie. Abcès collecté dans les anses intestinales. L'appendice n'est pas recherché. Mort le lendemain. L'autopsie n'a pu être faite.

OBSERVATION XXVI (résumée).

Gyr. *Loc. cit.* (Obs. 10).

Fille de 21 mois, nourrie au sein, puis au lait coupé et aux soupes.

Dans les antécédents, coqueluche, rougeole, constipation habituelle sauf quelques atteintes de diarrhée.

La maladie a débuté par des vomissements. L'enfant a été purgée deux fois. Les vomissements continuant, elle est amenée le 10° jour à l'hôpital. Là, l'abdomen est résistant, mat et douloureux dans la fosse iliaque droite. Temps 37,7. Pouls 120. Diagnostic : appendicite.

Les jours suivants, le ventre se tend et se ballonne, la cuisse droite est fléchie. Temp. 39. Vomissements reprennent. Après une amélioration passagère, les signes de péritonite s'accusent. L'enfant meurt le 22ᵉ jour de la maladie. Il n'a pas été tenté d'opération.

Autopsie. Collection purulente englobant toute la partie inférieure du cœcum. L'appendice adhère par sa pointe à l'intestin grêle. Celui-ci est *perforé* à ce niveau, et il s'en échappe du pus. Une très petite quantité de liquide jaune trouble se trouve dans la cavité abdominale.

OBSERVATION XXVII (RÉSUMÉE).
Summers. *Philadelphia medical News*, 1891.
LIX, p. 513.

Garçon de 22 mois relevant de diarrhée estivale.

Début par coliques, douleurs abdominales, vomissements fréquents, constipation, pouls rapide. Temp. 40. Le lendemain on fait le diagnostic d'obstruction intestinale.

Pendant 4 jours, pas de selles, malgré des lavements et un purgatif. Le 4ᵉ jour, pouls 140, temp. 38,8, abdomen ballonné, douloureux et présentant une petite tumeur au-dessus du point de Mac Burney.

Opération immédiate. Adhérences intestinales. On ouvre un abcès contenant du pus fétide. L'appendice non adhérent est découvert. Il est très épaissi, en partie gangrené, présentant *trois perforations*, mais pas de corps étrangers.

Guérison.

OBSERVATION XXVIII (RÉSUMÉE).

Howland. *Archives of Pediatrics*, mai 1904,
p. 354 (obs. 1).

Garçon de 22 mois bien portant.

Début brusque par un vomissement, température,
douleurs abdominales. Il est purgé. Amélioration.

Le surlendemain les douleurs reprennent, avec résistance dans la fosse iliaque droite et fièvre. Diagnostic:
appendicite.

L'état s'améliore, mais le 5e jour nouvelle élévation de
température et sensation d'une masse dans la région
iléo-cœcale. Une intervention est décidée, et pratiquée
immédiatement.

On tombe sur un abcès bien limité, contenant du pus
fétide. L'appendice est *perforé* à sa base.

Guérison.

OBSERVATION XXIX (RÉSUMÉE).

Howland. *Loc. cit.* (obs. 2)

Garçon de 22 mois. Vers l'âge de trois mois, troubles
intestinaux.

A 15 mois, il eut une première crise appendiculaire
diagnostiquée.

La convalescence fut lente, et de temps en temps, l'enfant ressentait à nouveau des douleurs.

A 22 mois, deuxième crise qui débute par une douleur
violente et des vomissements. Contracture marquée et

sensibilité dans la fosse iliaque droite. Induration nette à ce niveau. Selles normales.

Opération une semaine après le début. Derrière le cœcum, en dehors du péritoine, on trouve un abcès localisé, contenant un appendice très malade. Résection, drainage, guérison.

OBSERVATION XXX (RÉSUMÉE).

Newton. *Journal american medical association,*
Chicago, mai 1901, XXXVI, p. 1477.

Garçon de 23 mois. Début par troubles intestinaux, diarrhée, vomissements, langue sale. Pas de fièvre. On donne du calomel.

Trois jours après, temp. 38, 3. Ballonnement du ventre et sensibilité dans la fosse iliaque droite, s'accompagnant de tuméfaction à ce niveau. La flexion des cuisses diminue les douleurs. Vomissements, selles fétides.

Diagnostic : appendicite.

Intervention. On tombe sur un gros abcès collecté, appendice non recherché. Drainage, Guérison.

OBSERVATION XXXI (RÉSUMÉE).

Mlle Gordon. L'appendicite chez l'enfant.
Thèse de Paris 1897 (obs. 2).

H... Adolphe 26 mois ; maladif, sans antécédents héréditaires. A l'âge d'un an, diarrhée verte, puis entérite aiguë.

Début le 8 mars 1895, brusquement, par vives douleurs dans le ventre et vomissements. Un peu de calme le soir, mais les vomissements recommencent dès que l'enfant prend un peu de lait. Nuit très mauvaise : fièvre, agitation douleurs, intenses et constipation.

Le 9 au matin, l'enfant est amené à l'hôpital à la suite de nouveaux vomissements verdâtres. On constate de l'empâtement dans la région cœcale, dont la palpation est douloureuse. A ce niveau, submatité. Les vomissements ont cessé, mais température 39, constipation et douleurs.

Le 10, opération sous chloroforme. Evacuation d'un demi-verre à Bordeaux de pus ; drain, pansement. L'enfant quitte l'hôpital le 5 mai, avec plaie cicatrisée.

Le 7 août, coliques avec poussée fébrile, qui cesse bientôt. On pense alors à une intervention à froid, mais vu l'état excellent de l'enfant, on ne se presse pas. Puis le 28 août, début des vomissements avec fièvre intense, les signes de péritonite apparaisent et malgré l'intervention, mort en cinq jours.

Autopsie. Dans la région sous-ombilicale, le péritoine pariétal adhère à l'épiploon. Adhérences fragiles entre les anses intestinales, limitant de petits abcès à pus verdâtre épais. L'appendice inclus dans des fausses membranes se dirige en haut, à un centimètre de son insertion cœcale, il est bleuâtre et *complétement rompu*.

OBSERVATION XXXII (RÉSUMÉE).

Mlle Gordon. *Loc. cit.* (obs. 3).

L... Marcelle, 27 mois, entrée à l'hôpital le 24 mars 1895, sans aucun renseignement. A l'examen, abdomen volumineux. Malgré le tympanisme généralisé, on sent un

empâtement profond très douloureux dans la fosse iliaque gauche. Etat général mauvais, enfant somnolent,
extrémités froides. Temp. 39,5.

25 mars matin, même état, mais temp. 37,4.

Opération. On arrive sur une vaste cavité d'où il
s'écoule abondamment du pus blanchâtre sans odeur
fécaloïde. Drainage. Guérison.

OBSERVATION XXXIII (résumée).

Mlle Gordon. *Loc. cit.* (Obs. 1).

Garçon de deux ans, nourri au Sein. Bien portant.

Début brusque par fièvre, douleurs dans la fosse iliaque
droite, constipation, vomissements.

Entrée à l'hôpital. Temp. 38,8. Ventre ballonné, douloureux et dur dans la région iléo-cœcale, où l'on constate
une diminution de la sonorité. Constipation persistante.

Même état les jours suivants.

Le 5° jour, incision dans la fosse iliaque droite sur un
abcès qu'on draine. Il reste une fistule et un prolapsus
muqueux.

Quelques mois plus tard, on enlève l'appendice dont
l'extrémité était *perforée*. Guérison.

OBSERVATION XXXIV.

Kottmann. *Correspondenzblatt für Schweizer
Aertze*, 1899, p. 753.

Garçon de deux ans, entrant à l'hôpital avec diagnostic
d'iléus.

Trois semaines avant, un médecin dit lui avoir réduit une hernie étranglée.

Deux jours avant l'entrée, début par vomissements, douleurs abdominales, météorisme, arrêt des matières. On fait le diagnostic d'étranglement interne.

Intervention immédiate. On trouve une péritonite généralisée.

L'appendice présente une *perforation* de la dimension d'une lentille. Résection, drainage. Plus tard, il y eut un abcès qui s'ouvrit dans le rectum ; puis guérison complète.

OBSERVATION XXXV (RÉSUMÉE).
Schüle. *Loc. cit.* (Obs. 48).

Garçon de 2 ans, bien portant.

Début brusque par vomissements.

Le 2e jour, calomel, lavements qui n'amènent aucune selle. Temp. 38°5. On fait le diagnostic de péritonite ou obstruction intestinale.

Le 4e jour, abdomen météorisé. Douleur à la palpation, résistance et matité dans la région iléo-cœcale. Temp. 38°5. Pouls imperceptible, vomissements continuels, langue sèche, mauvais état général.

Opération le 4e jour. Dès l'ouverture du péritoine, il s'écoule une grande quantité de liquide séro-purulent d'odeur infecte. L'appendice adhérent est volumineux, *perforé* à sa base, et contenant un calcul stercoral du volume d'un noyau de cerise. Résection, drainage. Mort 2 heures après l'opération.

OBSERVATION XXXVI (RÉSUMÉE).

Nageotte-Wilbouchewitch. *Bulletin de la Société de Pédiatrie*. Paris 1910, p. 315.

Fille de 2 ans et demi. Elevée au sein; bon développement malgré diarrhée verte jusqu'au sevrage.

Début brusque le 14 mai, par douleurs au ventre. Huile de ricin rendue en partie dans l'après midi à la consultation. Temp. 39°, pas de douleur spontanée, faciès ordinaire; mais douleur à la palpation dans la fosse iliaque droite. Repos, ni purge, ni lavement, diète hydrique.

21 mai. Enfant revue : entre temps, on lui a donné du calomel (le cinquième jour). Mac Burney très net, sans empâtement, ni contracture. Le soir même : 38°.

22 mai, vives douleurs, sans vomissements.

23 mai (10e jour), faciès altéré. T. 37°6, pouls 120. Abattement. Pas de tuméfaction. Le soir t. 38°8, pouls 136.

25 mai. Temp. 37°4, pouls 136. Ventre ballonné, mais pas plus douloureux. Toucher rectal : tuméfaction non fluctuante à droite.

Opération. Pus épais venant de la fosse iliaque droite, puis séro-pus sortant d'entre les anses intestinales mal agglutinées.

Appendice *perforé*, plongeant dans le petit bassin Résection, drainage ; mort 8 jours après l'opération.

OBSERVATION XXXVII INÉDITE.
Hôpital Trousseau, 1911.

S..., Andrée, 2 ans et demi. Amenée à l'hôpital le 2 juillet au milieu de symptômes de péritonite. Opération d'urgence. Dès l'ouverture du péritoine, il s'écoule en en abondance du pus à odeur fécaloïde. Pas d'adhérences, le pus est libre dans la cavité péritonéale. L'appendice est libre, mais turgescent, gangrené, et présente une *perforation*.

OBSERVATION XXXVIII Inédite.
Hôpital Trousseau, 1905.

L..., Georgette, 3 ans. Aucun antécédent abdominal.

13 avril, début par coliques avec diarrhée toute la matinée. Dans l'après-midi, vomissements et constipation avec faux besoins.

14 avril. Souffrait encore plus du ventre. Vomissements. Pas de purge, mais lavement sans résultat.

15 avril. Amenée à l'hôpital. Appendicite nette avec douleur, et contracture à gauche. Ventre légèrement ballonné. Temp. 40, pouls 120. Dans la journée, altération marquée du faciès ; temp. 39, mais pouls 130. Abdomen douloureux, même à gauche. Opération. Péritonite diffuse. Appendice légèrement adhèrent à la paroi pelvienne ; il est facilement décollé et enlevé, et présente un renflement terminal en massue, avec paroi noirâtre sphacélée et *perforée*. Drainage. Guérison.

OBSERVATION XXXIX Inédite.
Hôpital Trousseau, 1912.

G... Renée, 3 ans.

A eu au mois de juillet 1912 une crise d'entérite, puis

trois crises successives d'appendicite en septembre, puis en octobre, et au mois de novembre.

Elle entre à l'hôpital à l'occasion d'une 4ᵉ crise, ayant présenté le 10 décembre des vomissements, avec douleurs abdominales, surtout du côté droit. A la palpation on sentait un petit plastron induré.

Opérée à froid, le 28 février 1913. L'appendice remonte d errière le côlon. Il est adhérent au cœcum, sclérosé, avec muqueuse fongueuse. Guérison.

OBSERVATION XL,

due à l'obligeance de M. le Dʳ Perrin (Service de M. le Pʳ Kirmisson).

G... André, 3 ans. Nourri au sein maternel jusqu'à 15 mois, mais était toujours un peu constipé.

9 août 1912. Début par douleurs abdominales, surtout à droite, puis vomissements, Nuit agitée.

10 août. On fait le diagnostic d'appendicite. Diète, glace sur le ventre pendant sept jours. La température retombe à la normale, les douleurs se calment, mais chaque tentative de donner quelques cuillerées d'eau de riz est suivie d'élévation de la température au-dessus de 38°. Voyant le ventre toujours douloureux avec défense de la paroi, on envoie le malade à l'hôpital.

19 août. Faciès assez bon; temp. 39, pouls 120 bien frappé. A la palpation abcès assez bien limité dans la fosse iliaque droite.

Opération. Collection contenant un verre de pus épais, crémeux, fétide. L'appendice est sur le côté interne du cœcum; il est réséqué, l'abcès ne se prolonge pas dans le

Douglas. Appendice long de 5 centim. entouré de fausses membranes, non perforé. Drainage, guérison, sans éventration.

OBSERVATION XLI, Inédite.
Hôpital des Enfants Assistés, 1906.

J... René, 3 ans 1/2.

Au début de février 1906, une crise d'appendicite s'est déclarée chez ce malade qui depuis l'âge de 2 ans souffrait souvent du ventre. Il présentait à ce moment des douleurs très vives et continues dans la fosse iliaque droite ; pendant 4, 5 jours, vomissements jaunâtres, température élevée. Durée de la crise : 15 jours.

Le malade entre à l'hôpital le 3 mars 1906, il persiste encore des symptômes douloureux, de l'embarras gastrique.

Palpation : vaste plastron dur s'étendant du flanc droit à la ligne médiane, et du rebord des fausses côtes à la crête iliaque.

25 mai. Le malade n'éprouve plus de douleurs, spontanées, ni provoquées. A la palpation, l'empâtement persiste encore ; les fonctions gastriques s'accomplissent bien.

15 juin. L'empâtement a considérablement diminué. Etat général bon.

1er juillet. Diminution de l'empâtement comme étendue et dureté.

20 juillet. Opération. A l'ouverture de l'abdomen, adhérences des anses intestinales avec un foyer de matières caséeuses du volume d'une noix. Les adhérences,

libérées, montrent *deux perforations* qui sont suturées. L'appendice, coudé, est très adhérent à la pointe; on trouve *deux nouvelles perforations* au niveau de la valvule iléo-cœcale, et une *cinquième perforation* à la pointe de l'appendicite qui est très difficile à libérer.

Décédé 24 heures après l'opération.

OBSERVATION XLII, Inédite.

Hôpital. des Enfants Assistés, 1909.

P..., Jules, 3 ans et demi, opéré à froid le 2 novembre pour une crise ancienne. Aucun symptôme spécial à ce moment. L'opération montre une anse sigmoïde en inversion, avec un appendice très haut, adhérent dans un ancien foyer d'infection.

OBSERVATION XLIII, Inédite.

Hôpital Trousseau, 1909

Ch... Germaine, 3 ans et demi.

Enfant, élevée au biberon à la campagne jusqu'à 18 mois. Broncho-pneumonie à 6 mois. Il y a deux mois, gastroentérite ; pas de constipation, pas de vomissements ; fièvre.

26 sept. à 9 heures du soir, l'enfant, qui venait de se coucher, est réveillée par de violentes douleurs abdominales, surtout du côté droit.

28 sept. Temp. 38, 9. Le médecin pense à l'appendicite et fait mettre de la glace.

29 sept. Vommissements verdâtres. Pas de selles depuis le 26.

30 sept. Opération. Incision exploratrice à gauche : résultat négatif à droite, fosse iliaque pleine de pus, qui s'infiltre derrière la paroi et dans le petit bassin. Drainage. Décédée le 2 octobre.

OBSERVATION XLIV, Inédite.

Hôpital Trousseau 1911.

P... Solange, 3 ans et demi.

Enfant née à terme, accouchement normal. Elevée au biberon, a eu de l'entérite à 15 jours.

Début le 13 janvier par des vomissements alimentaires pendant la nuit.

14 janvier. Après-midi, nouveau vomissement alimentaire. Constipée depuis trois jours, on lui donne une purge le 15 au matin.

16 janvier. L'enfant commence à accuser des douleurs assez fortes dans le bas-ventre, douleurs qui se localisent peu à peu dans la fosse iliaque droite. Application de cataplasmes de fécule.

17 Janvier. Le médecin diagnostique une appendicite et fait appliquer de la glace.

21 janvier. Opération. On trouve du pus infiltré au milieu des anses intestinales. Pas de perforation, pas d'appendicectomie.

Guérison.

OBSERVATION XLV Inédite.

Hopital. Trousseau, 1911.

B... Odette, 3 ans et demi.

Aucun renseignement antérieur. On sait seulement qu'elle a été traitée d'abord pour embarras gastrique.

Entrée à l'hôpital le 22 mars, elle est opérée d'urgence on trouve l'appendice présentant deux plaques de *sphacèle* ; pas d'adhérences, du pus libre partout ; péritonite généralisée.

Décédée le 26 mars, quatre jours après l'intervention.

OBSERVATION XLVI (résumée).

Mlle Gordon. *Loc. cit.* (obs. 5).

M... André, 3 ans et demi.

Bonne santé habituelle mais facilement dyspeptique, toujours constipé, n'a pour ainsi dire jamais été à la selle sans lavement.

17 septembre 1895, l'enfant, en train de jouer est pris brusquement de douleurs abdominales et d'un vomissement alimentaire. Il se remit assez bien, ne gardant qu'un peu de pâleur, mais le soir : temp. 39,4

18 sept. Ballonnement considérable du ventre ; à partir de ce moment, quelques détentes, mais le météorisme reste toujours intense. Un médecin appelé constate une accumulation considérable de matières fécales dans l'S iliaque et obtient la débâcle à l'aide de l'évacuation digitale du rectum. Il vient ensuite des matières très abondantes, liquides, et d'une horrible fétidité.

La température ne bouge pas ; elle est entre 39 et 40. Depuis la débâcle, l'enfant boit un peu de lait, et va bien à la selle.

27 sept. Chirurgien appelé d'urgence.

28 sept. Ventre énorme. D'abord rien d'appréciable par la palpation ni la percussion : rien comme méningite, rien dans la poitrine, pas d'épanchement liquide du ventre Pouls 120-140. opération sous chloroforme. Pas d'adhérences : intestin grêle un peu rouge, et très distendu. En bas, près de la symphyse, une énorme poche remplissant tout le petit bassin, d'où il sort du gaz, puis du pus. Le doigt y sent l'appendice accollé contre le détroit supépérieur à droite et un peu au-dessus de lui. Drainage. mort le lendemain.

OBSERVATION XLVII Inédite.

Hopital. des Enfants Assistés, 1910

V... Anna. 4 ans.

Enfant née à terme ; entérite à 2 ans et demi.

Il y a huit mois, l'enfant se trouve mal brusquement en se plaignant de douleurs dans le ventre. On suppose une manifestation de l'entérite.

Nouvelle crise il y a deux mois, avec vomissements alimentaires et douleurs localisées dans la fosse iliaque droite.

A l'examen, en ville, on se trouve en présence d'une tuméfaction siégeant au-dessus de l'arcade crurale. Temp. 37,5.

La tuméfaction a disparu sous l'action de la glace Aucun phénomène nouveau depuis cette époque. Actuellement il n'existe plus aucun symptôme douloureux. l'enfant va bien.

Opération à froid, guérison.

OBSERVATION XLVIII Inédite.

Hôpital des Enfants Assistés, 1910.

G... Jeanne, 4 ans.

Le 16 janvier 1910 l'enfant est sortie le matin. Sortie de nouveau après le déjeuner. Pendant la promenade, elle devient subitement verte. La mère la rentre immédiatement, pensant que l'enfant avait attrapé froid. L'enfant reste assise sur une chaise ne voulant pas jouer paraissant très fatiguée. La mère la met au lit, où elle dort pendant une demi-heure. Mais à son réveil, elle se plaint de douleurs dans le ventre, surtout du côté droit. Vomissements alimentaires pendant la nuit qui est très agitée. Crises douloureuses fréquentes.

17 janvier. Faciès grippé, yeux excavés. Temp. 39°. Pouls 160 très faible. Le ventre est distendu dans sa totalité. Tout le petit bassin et l'abdomen, jusqu'à la ligne horizontale bi-épine iliaque antéro-supérieure présentent de la matité. Le ventre est douloureux partout, et il est impossible de trouver un maximum de douleur en un point quelconque; mais à un examen antérieur pratiqué par le médecin, l'enfant avait nettement accusé la région de l'appendice. Paroi abdominale en défense. Tous les phénomènes se sont calmés dès le 3ᵉ jour par application de glace et le 30 janvier, il ne subsiste aucun symptôme.

OBSERVATION XLIX, Inédite.

Hôpital des Enfants Assistés, 1911.

M... André, 4 ans.

Cet enfant a présenté une première crise d'appendicite le 15 novembre 1910, caractérisée par des douleurs très vives dans l'abdomen, surtout du côté droit, en même temps que les mouvements de la jambe droite étaient douloureux. Il n'a jamais vomi. Il était très constipé, et avait une température de 39°.

Traitement médical (glace) dès le début.

Opération le 10 février 1911 ; on trouve un appendice très adhérent, avec reliquat d'abcès dans le méso. Drainage. Suppuration pendant les premiers jours. Sort guéri le 28 février.

OBSERVATION L Inédite.

Hôpital des Enfants Assistés, 1911.

B... Simonne, 4 ans.

Enfant née à terme, nourrie au biberon à la campagne. Elle est à Paris depuis deux mois et demi. Sans avoir été jamais sérieusement malade, elle se plaignait toujours du ventre, abandonnant souvent ses jeux pour s'asseoir tranquillement.

Il y a quinze jours, l'enfant a eu une crise de coliques ; elle a souffert du ventre, se plaignant même pendant la nuit ; elle a vomi une fois, mais sans avoir de température. Les douleurs étant nettement localisées à droite : l'enfant n'était pas constipée, car elle avait été purgée la veille.

Examen à l'hôpital. A la palpation, on trouve dans la fosse iliaque droite de la défense musculaire et un empâtement considérable, qu'on avait attribué à un abcès par congestion dans un mal de Pott, l'enfant présentant une déformation de la colonne vertébrale.

Opération le 6 février 1911. Incision en dehors de la gaine des droits. On trouve l'appendice recouvert de fausses membranes, mais non adhérent, et deux reliquats d'abcès : un sous la séreuse qui revêt le cœcum, le second au niveau de la base de l'appendice, dans le méso. Enfouissement. Drainage. Guérison normale.

OBSERVATION LI
Hôpital des Enfants Assistés, 1912.

M... Raymonde, 4 ans, opérée à froid ; on trouve l'appendice adhérent dans un ancien foyer d'infection et recroquevillé en tire-bouchon. Guérison.

OBSERVATION LII
Hôpital des Enfants Assistés, 1911.

L... Alice, 4 ans. Aucun renseignement antérieur. Opération à froid, qui montre l'appendice en tire-bouchon, avec de nombreuses brides.

OBSERVATION LIII, Inédite.
Hôpital Trousseau. 1911.

K... Robert, 4 ans.

Enfant entré à l'hôpital le 26 août 1911, pour douleurs abdominales.

Il a marché à onze mois, mais a cessé de marcher à 2 ans, à cause de rachitisme. Il remarche depuis plus de huit mois. Etait encore bien portant le 24 août, mais mal en train depuis le 25 au matin, ayant eu vers 11 heures du matin, plusieurs vomissements jaunâtres, peu abondants, survenant sans efforts, en même temps qu'il accusait des douleurs dans le côté droit de l'abdomen.

Le 27 août, temp. 37,8, pouls 150. Langue saburrale, vomissements. L'enfant se plaint de douleurs dans la fosse iliaque droite, et présente une sensibilité exquise au point de Mac Burney, avec défense musculaire. Opération d'urgence ; on trouve l'appendice enfoui au milieu d'adhérences, tordu trois fois sur lui-même, absolument noir et *sphacélé*, le tout baignant dans un abcès à pus fétide. Drainage. Guérison.

OBSERVATION LIV INÉDITE.

Hôpital Trousseau, 1911.

R..., Geneviève, 4 ans.

Entrée le 13 juillet. Maussade depuis la veille, elle mange mal, ne dort pas bien.

Au réveil, vers dix heures du matin, elle s'est plainte de douleurs dans le ventre surtout à droite. Puis à la fin de la journée, elle a des vomissements jaunâtres, puis verdâtres.

Elle n'a jamais été constipée, et aurait eu une crise semblable un an et demi auparavant.

Opération le 14 juillet : ouverture d'un abcès à pus fétide.

Sort en bon état le 6 août, mais meurt, 3 semaines après, de rougeole.

OBSERVATION LV Inédite.
Hôpital Trousseau, 1912.

M..., Adrienne, 4 ans.

Enfant élevée au sein maternel. Rougeole à 10 mois, puis mastoïdite à l'âge de 3 ans. Elle a eu une première crise d'appendicite au mois d'août 1911, caractérisée par des vomissements, des douleurs généralisées dans tout l'abdomen, avec apparition d'un petit plastron perceptible à la palpation. Traitée immédiatement par la glace, les symptômes ont rétrocédé, et l'enfant n'a plus souffert.

Le 20 octobre 1912, brusquement elle est reprise de douleurs abdominales généralisées. sans qu'on puisse trouver un maximum douloureux, elle a deux vomissements et présente une défense musculaire très marquée. Temp. 38, 6. Pouls 140.

Opération 24 octobre, abcès dans la fosse iliaque droite; adhérences ; l'appendice réséqué, est congestionné, avec paroi noirâtre, *sphacélée*. Drainage. Guérison.

OBSERVATION LVI Inédite.
Hôpital des Enfants assistés. 1905.

P..., Georgette 4 ans et demi.

Enfant élevée au biberon à la campagne. Venue à Paris seulement en 1904, au mois de novembre. Constipation opiniâtre.

Il y a trois semaines, le 4 juin 1905, elle est prise subitement de coliques pendant la nuit ; on lui fait [prendre des bains à 37°, puis on lui applique sur l'abdomen des compresses d'eau très chaude. Plusieurs vomissements alimentaires, puis deux porracés. Temp. 39, 5. Diète hydrique.

Pendant une semaine, la température oscille autour de 38 ; on donne un peu de lait.

La deuxième semaine, la température revenue à la normale, l'enfant est alimentée avec du lait, du bouillon, de la farine lactée, mais elle a une constipation opiniâtre ; aussi lui donne-t-on le 27 juin une cuillerée à soupe d'huile de ricin.

A partir du 18, la température remonte à 38, 39°.

Elle entre à l'hôpital, avec douleurs dans la fosse iliaque droite, le 23, ou on lui applique de la glace sur le ventre.

Elle revient pour une seconde crise le 8 août.

Opération 24 octobre. On trouve un appendice adhérent, plongeant dans la cavité pelvienne, et contenant deux petits calculs à son extrémité. Partie rétrécie au niveau du tier moyens. Au-dessous de ce rétrécissement, liquide sanieux.

Pas de drainage. Sort guérie le 12 novembre.

OBSERVATION LVII Inédite.
Hôpital des Enfants Assistés 1906.

P... Auguste, 4 ans et demi.

Aurait eu une première crise en juin 1906, avec fièvre

mais sans douleurs. Depuis, jamais de douleurs abdominales, mais a souvent de la diarrhée.

26 novembre. Pas de douleurs dans la fosse iliaque droite : le ventre se laisse facilement déprimer.

29 novembre. Diarrhée.

30 novembre. 1ʳᵉ selle normale, un peu couleur mine de crayon.

2ᵉ selle en diarrhée, avec desquamation d'entérite muco-membraneuse. On donne de la lacto-bacilline.

21 décembre. Opération. On trouve plusieurs adhérences englobant l'appendice et son méso.

Sort guéri le 5 janvier 1907.

OBSERVATION LVIII (Résumée)

Perrin. *Journal de Médecine de Paris*. N. 48
Novembre 1912.

C... Léa, 4 ans et demi. Nourrie au sein maternel jusqu'à 16 mois. A eu la rougeole, compliquée de broncho-pneumonie, puis la coqueluche, puis des bronchites. Toujours constipée, n'allant jamais à la selle sans lavement ni suppositoire. Il y a six semaines, le 5 mai 1912, l'enfant a eu des vomissements et de la céphalée ; on a parlé d'indigestion, depuis elle a perdu l'appétit.

Il y a quinze jours, elle se plaint de beaucoup souffrir du ventre pendant une demi-heure, les douleurs cessent par application d'huile de camomille camphrée.

20 juin à 5 heures du matin, l'enfant se réveille et a un vomissement bilieux abondant. Toute la journée, elle est abattue, pâle, ne parle pas, elle vomit le lait qu'on lui donne. Lavement qui donne une selle. Nuit suivante un peut agitée.

24 juin, pour la première fois, elle accuse des douleurs violentes dans l'aine droite, les douleurs augmentent dans la journée, l'enfant les localise alors du côté droit du ventre, et souffre davantage dès qu'on la remue.

Examen à l'hôpital : pâleur et lividité de la face, yeux cernés, lèvres sèches, enfant abattue, mais ne se plaignant pas. Temp. 39,8. Pouls 160 mal frappé. A la palpation de l'abdomen, résistance dans toute la moitié droite ; l'épigastre et le flanc gauche sont assez souples. Au toucher rectal, masse empâtée en avant et à droite du rectum, opération immédiate. Le péritoine incisé, il s'écoule un peu de liquide séreux, le cœcum libre d'adhérences en avant est récliné en dedans ; pendant cette manœuvre, on donne issue à une collection abondante de liquide séro-purulent, fétide, chargé de grumeaux blanchâtres. L'appendice caché derrière le cœcum est réséqué au thermo. On évacue du pus du Dougas. L'appendice est volumineux, en massue, couvert de fausses membranes à son extrémité libre, *sphacélé* et *perforé* à sa partie moyenne. Drainage. Convalescence entrecoupée de deux poussées de broncho-pneumonie. L'enfant sort de l'hôpital le 3 août, sa plaie presque cicatrisée, et il ne semble pas exister d'éventration.

OBSERVATION LIX. Inédite.

Hôpital des Enfants assistés 1905.

A... Joseph, 5 ans.

Entérite muco-membraneuse à 8 mois, puis à l'âge de dix-huit mois. Coqueluche à 4 ans.

1re crise en août 1905. L'enfant se plaint à ce moment

de douleurs dans le côté droit du ventre. Il a des vomissements alimentaires, puis bilieux et un peu de fièvre, mais pas de constipation. On lui donne de l'eau de Vals, du bouillon. Application de cataplasmes, et repos au lit pendant 8 jours.

2e crise en septembre 1905, avec douleurs et vomissements légers, calmés par la glace et l'eau chloroformée.

3e crise, le 15 novembre 1905, pas de vomissements, pas de fièvre, mais douleurs très violentes dans l'abdomen, surtout du côté droit, et dans l'estomac. Même traitement que la 2e crise.

Opéré le 27 décembre, à froid. L'appendice, enfoui au milieu d'adhérences, est très difficile à découvrir : l'extrémité adhère intimement au fond de la fosse iliaque. On découvre des vestiges de *deux perforations* au niveau de l'extrémité. Folliculite hémorragique dans toute l'étendue de l'appendice.

OBSERVATION LX
Hôpital des Enfants Assistés, 1908.

C... Yvette, 5 ans. Opérée à froid ; aucun renseignement antérieur. L'appendice long, contient quelques débris concrétés de matière, et un peu de pus épais à son extrémité terminale. Guérison.

OBSERVATION LXI
Hôpital des Enfants Assistés, 1909.

D... Armand 5 ans.
Aucun renseignement antérieur.

Opération. On trouve l'angle iléo-cœcal collé par des adhérences à la fosse iliaque interne. L'appendice présente peu d'adhérences à son extrémité libre et au niveau du corps qu'on arrive à dégager assez facilement, mais le tiers supérieur et l'attache au cœcum sont enfouis dans des adhérences solides.

L'origine de l'appendice est *perforé* : cette perforation est accompagnée d'un petit orifice situé sur le cœcum ; il en sort du pus épais, verdâtre (environ une cuillerée à soupe). On garnit et on vide cette abcès rétro-cœcal. Par l'orifice on introduit une pince courbe qui pénètre dans une poche de la grosseur d'un œuf de pigeon, et en ramène un calcul gros comme une noisette. Drainage large. Sorti un mois après en bon état.

OBSERVATION, LXII Inédite.

Hôpital des Enfants Assistés, 1911.

S.... Maurice, 5 ans.

N'aurait jamais eu de crise antérieure nette, mais était toujours constipé, surtout depuis le mois d'août. On est obligé de le purger très souvent.

Depuis six semaines, l'enfant se plaint par moments d'une douleur abdominale vague, non localisée, survenant surtout après les repas. Il a très peu d'appétit et souffre plus quand il mange.

Depuis trois semaines, presque tous les jours, il a des nausées, surtout le matin en se levant, mais jamais de vomissements. Il semble avoir de temps en temps des poussées fébriles, mais sa température n'a jamais été prise.

Opération le 13 février. La pointe de l'appendice est enfouie derrière le cœcum, et l'appendice semble plus épais à l'extrémité qu'au milieu, où la muqueuse est altérée et saigne facilement.

OBSEVATION, LXIII Inédite.
Hôpital des Enfants Assistés, 1911.

L.... Louise, 5 ans.

1re crise le 29 mars, avec vomissements et douleurs abdominales localisées du côté droit. Pas de température. Amélioration le lendemain, puis nouveaux vomissements pendant trois jours.

2° crise le 23 mai, l'enfant présente une température de 39°, avec vomissements, diarrhée, douleurs abdominales très violentes. Elle passe une nuit très agitée.

Opération le 24 mai à chaud.

OBSERVATION LXIV, Inédite.
Hôpital des Enfants Assistés, 1911.

B.... Pierre, 5 ans.

1re crise le 30 juin. Douleurs localisées du côté droit de l'abdomen, qui ont pris l'enfant brusquement après le repas du soir. Pas de vomissements. A partir de ce moment, légère constipation.

2° crise le 3 juillet. Dans la matinée, l'enfant est pris de douleurs vagues dans la moitié droite de l'abdomen, douleurs qui s'exagèrent brusquement vers 3 heures de l'après-midi. Pas de vomissements, mais constipation et température de 39°. Immédiatement application de glace. Amélioration. Le 22 juillet, l'abdomen est peu douloureux, même au point de Mac Burney. Le point le plus douloureux semble au-dessous. Pas de gâteau péritonéal. Opération le 25 juillet, l'appendice est derrière le cœcum, enroulé sous le foie.

OBSERVATION, LXV Inédite.

Hôpital des Enfants Assistés, 1912.

D.... Germaine, 5 ans.

1re crise le 10 septembre 1911, à minuit, qui a débuté par des vomissements verts et de la diarrhée. Dans les matières on trouve des glaires. En même temps douleurs abdominales et fièvre qui durent pendant trois jours. Repos au lit pendant deux semaines.

2e crise le 2 janvier 1912, caractérisée par de la fièvre, des vomissements verts, et des douleurs abdominales. Pas de diarrhée. Opérée le 16 janvier.

OBSERVATION, LXVI Inédite.

Hôpital Trousseau, 1910.

S.... Roger, 5 ans.

Le 6 février 1910, l'enfant est pris brusquement, à une heure de l'après-midi, de vomissements qui se répètent à deux ou trois reprises. En même temps, douleurs abdominales et constipation. On ne lui donne ni purge, ni lavement.

7 février. On lui donne un biscuit purgatif qui ne pro-

duit pas d'effet, puis un lavement. Les vomissements et les douleurs persistent.

8 février, Un lavement, pas de vomissements.

9 février. Les vomissements reprennent.

10 février. Douleur abdominale diffuse. Pas de ballonnement, mais défense musculaire très marquée. La langue est chargée, mais humide et l'enfant présente du subictère. Temp. 37,5. Pouls 140.

Opérée d'urgence. Entre l'épiploon et la paroi, pus en grande quantité. L'appendice est gros et *sphacélé* à la pointe, au niveau de laquelle il contient un calcul. On constate, que le pus sans odeur fétide, vient de la région sous-hépatique et lombaire droite : il remonte le long du côlon ascendant en dehors de lui, jusque sous le foie. Drainage.

15 février. Contre-ouverture à gauche, l'enfant souffrant du creux épigastrique et du côté gauche. Drainage. Guérison.

Opéré pour éventration le 19 mars 1913.

OBSERVATION LXVII, Inédite.
Hôpital Trousseau, 1910.

L... Jules 5 ans. Enfant malade depuis le 12 février. Se plaint de douleur dans le ventre. Purgation. Le 15 février il présente une défense musculaire très accentuée, et une douleur abdominale diffuse, vive surtout dans la fosse iliaque droite. Temp. 38,6. Pouls 100, avec langue chargée et herpès labial. Traitement et suite ?

OBSERVATION LXVIII, Inédite.

Hôpital Trousseau 1911.

M... André, 5 ans.

Rien dans les antécédents héréditaires. A eu la rougeole. L'affection actuelle a débuté le 19 octobre vers onze heures par des vomissements et de la constipation. L'enfant conduit à l'hôpital est opéré le 21 octobre, présentant une petite tuméfaction dans la fosse iliaque droite. A l'incision, on ne trouve pas de liquide dans le péritoine, les anses intestinales ne sont pas congestionnées. Le cœcum adhère à la fosse iliaque, il est épaissi, présentant des traces d'inflammation ancienne, et est très difficile à décoller. Il y a de nombreuses adhérences qui gênent beaucoup la recherche de l'appendice. On tombe sur un abcès à pus crémeux, épais, non fétide, manifestement plus ancien que ne le laisse supposer le récit des parents.

Sort guéri le 5 janvier 1911.

OBSERVATION LXIX, Inédite.

Hopital Trousseau, 1911.

P... Henri, 5 ans.

Enfant habituellement constipé. A présenté une première crise d'appendicite en août 1910, caractérisée par des douleurs dans l'abdomen surtout du côté droit, mais il n'a pas vomi. Traité médicalement, les applications de glace ont calmé les douleurs au bout d'une semaine. L'enfant entre à l'hôpital le 1er septembre 1911 pour une seconde crise qui a débuté par des vomissements. La douleur dans la fosse iliaque droite n'est apparue que le lendemain, en même temps que la constipation persistait. Opération le 3 septembre. On tombe sur un abcès bien limité contenant du pus fétide dans lequel baigne l'appendice congestionné et *sphacélé*. Nombreuses adhérences entre les anses intestinales. Drainage. Guérison.

OBSERVATION LXX, INÉDITE.

Hôpital Trousseau, 1911.

B... André, 5 ans.

Enfant nourri au sein, toujours bien portant.

Début de l'affection, le 7 mars par des vomissements survenus au moment où l'enfant venait de se coucher. Les parents le purgent le lendemain, mais on applique plus tard de la glace sur l'abdomen. Les douleurs ne sont pas calmées par la glace, elles persistent encore le 17 mars, tandis que les vomissements ne se sont pas renouvelés depuis le début de la crise. A la palpation on trouve une légère contracture à droite, mais sans hyperesthésie cutanée. Point de Mac Burney nettement douloureux. La palpation révèle de l'empâtement autour du point de Mac Burney, empâtement qui s'étend jusqu'à l'arcade crurale mois sans atteindre la ligne médiane. Pas de faciès péritonéal. Temp. 37, 8. Pouls 100.

Le 23 mars, rétraction du ventre, contracture. Pouls 84 faible. Temp. 36, 6.

Le 24, l'induration semble diminuer autour du point de Mac Burney pour se rapprocher de la ligne médiane.

Le 25. Tuméfaction sous-ombilicale. Pouls 120. Temp. 36, 2.

Opération. Le péritoine ouvert, il s'écoule du liquide séro-purulent en assez grande quantité. Le cœcum est rouge, non adhérent. L'appendice est turgescent, et *perforé* près de l'extrémité. Dans le Douglas on trouve aussi du liquide séro-purulent. Drainage. Guérison.

OBSERVATION LXXI, Inédite.
Hôpital Trousseau, 1912.

S... André, 5 ans.

Opéré d'urgence le 26 octobre ayant eu le matin des vomissements noirs, en même temps que des douleurs abdominales diffuses, avec arrêt complet des matières et des gaz. Temp. 38, 6. Pouls 150. Au toucher rectal on ramène des glaires sanglantes. Dès l'ouverture du péritoine, issue de pus. On trouve le cœcum distendu, mais libre d'adhérences, et baignant dans du liquide fécaloïde. L'appendice est à la face externe du cœcum, replié sur lui-même, la pointe en haut, et *gangrené*. Drainage. Guérison.

CONCLUSIONS

L'appendicite dans la première enfance, souvent méconnue, n'est pas aussi rare qu'on le croit.

Elle semble due, en grande partie, à la constipation et aux troubles intestinaux antérieurs.

Son évolution est très rapide vers la suppuration, la gangrène, la perforation de l'appendice et la péritonite ; son pronostic est extrêmement grave.

Le diagnostic en est souvent difficile, mais il est de toute nécessité de l'établir d'une façon précoce.

Il ne faut pas, en effet, trop compter sur le refroidissement de la crise, et l'intervention, pratiquée à temps, permettra, seule, de mettre le malade à l'abri des accidents formidables qui sont souvent au-dessus des ressources de l'art chirurgical.

INDEX BIBLIOGRAPHIQUE

Albrecht. — *Soc. império-médicale des médecins de Vienne*, 24 novembre 1905.

— *Presse médicale*, 9 décembre 1905, n° 99, p. 798.

Bamberg (Karl). — Ueber appendicitis bei Saülingen. *Inaugural Dissertation*, Leipzig, 1905.

Betz. — Memorabilien, Heilbronn, 1870, XV, p. 118.

Bogard (A.-H). — Appendicitis in Children, Long Island M. J. *Journal Brooklyn*, 1909, III, p. 416-420.

Blumer et **Shaw.** — *Archives of Pediatrics*, août 1901, p. 593.

Broca. — Collection des actualités médicales.

— Leçons cliniques de chirurgie infantile.

Brown (G. van A.). — Appendicitis in Children, Detroit M. J. 1909, IX, p. 305-370.

Comby. — Appendicite chronique chez les enfants. *Archives de médecine des enfants.* Paris, 1910, XIII, p. 401-440.

— Faut-il enlever l'appendice sain? *Ibid.* p. 455-458.

Demme. — XXIII. med. Bericht über die Thätigkeit der jennerschen Kinderspital in Berne, 1885.

Dambrin et **Berny.** — Hernie appendiculaire. *Gazette des Hôpitaux*, 1905, p. 224.

Denis. — De l'appendicite herniaire. Thèse Paris, 1905.

Deparpe. — Opération précoce de l'appendicite. Thèse Paris, 1910.

Dieulafoy. — Pathologie interne.

Dowd. — Appendicitis in Children. *Archives of Pediatrics*, N. Y., 1910, XXVII, p. 226-232.

— Appendicitis in Children, N. Y. State M. J., N. Y. 1910, X, p. 100-103.

Fumey. — Appendicitis in Children, old Dominion M. J., Richmond 1910, X, p. 153-172.

Gellhorn-Winslow. — Abdominal Purpura and appendicitis in Children. *Northwest med. Seattle*, 1910, N. S., II, p. 81-83.

Glazebrook. — *New-York medical journal*, 11 mars 1905, p. 483.

Gordon (Mlle). — L'appendicite chez l'enfant. Thèse Paris, 1897.

Goyens. — *Gazette médicale belge.* Liège, 1900.

— *Annales de la Société médico-chirurgicale de Liège*, mars 1900, p. 214.

Griffith. — *Archives of Pediatrics*, octobre 1901, p. 751.

Gyr. — Contribution à l'étude clinique de l'appendicite chez les enfants en bas-âge. Thèse Lausanne, 1903.

Holmes. — *British and american Journal of medical and physican Sciences*, mai 1847, p. 285.

Howlands. — Two cases of appendicitis in young Children. *Archives of Pediatrics*, mai 1904, p. 354.

Kirmisson. — Précis de chirurgie infantile.

— Hernies de l'appendice chez l'enfant. *Journal des Praticiens*, 22 févr. 1913.

— et **Guimbellot.** — De l'appendicite chez le nourrisson. *Revue de chirurgie*, 10 octobre 1906.

Kottmann. — *Correspondenzblatt für Schweitzer Aertze*, 1899, p. 753.

Le Dentu et **Delbet.** — Nouveau traité de chirurgie clinique et opératoire.

Millon. — Appendicite chez un enfant de 19 mois. *Archives de médecine des enfants*, mai 1899, p. 285.

Nageotte-Wilbouchewitch. — Deux cas d'appendicite chez de jeunes enfants. *Bulletin de la Société de Pédiâtrie*, Paris, 1910, XII, p. 314-319.

Newton. — *Journal american medical association*, Chicago, mai 1901, XXXVI, p. 1.477.

Perreaux. — L'appendicite pelvienne infantile. Thèse Bordeaux, 1905.

Perrin. — De l'appendicite dans le tout jeune âge. *Journal de médecine de Paris,* novembre 1912, n° 48.

— *Bulletins et mémoires de la Société médicale de l'Elysée*, 7 octobre 1912.

Raillet. — Les vers intestinaux dans la pathologie infantile. Thèse Paris, 1901.

Reclus. — L'appendicite chronique d'emblée. *Gazette des Hôpitaux*, 1905, n° 119.

Rocher. — De l'appendicite infantile à forme pelvienne et iléo-pelvienne. *Archives générales de médecine*, 1906, n°s 9 et 10.

Savariaud. — Clinique infantile, 15 avril 1912.

— Clinique infantile, 1er mai 1913.

Schüle. — Beitrag zur Perityphlis in Kindesalter. Thèse Zurich, 1902.

Sheffield. — *Appendicitis in Children, Intern. J. Surg.* N. Y., 1910, XXIII, p. 267-270.

Summers. — *Philadelphia medical News*, 1891, LIX, p. 513.

Taylor. — *Boston medical and surgical Journal*, 20 mai 1897, p. 482.

Weill, Nové-Josserand. — Symptômes et pronostic de l'appendicite chez l'enfant. *Clinique de Paris*, 1910, V. p. 85-88.

Weiss. — Appendicite localisée chez un enfant de trois ans. *Revue médicale de l'Est*, Nancy, 1892, XXIV, p. 641-646.

— et **Février.** — Sur quelques cas d'appendicite. *Revue de chirurgie*, juillet 1898, p. 599.

Wood. — Appendicitis in Children. *Canadian Lancet*, Toronto, 1909-1910, XLIII, p. 813-817.

— Appendicitis in Children. *Pediatrics*, N. Y., 1910, XXIII, p. 412-417.

— Appendicitis in Children. *Canadian Pract. and Rev. Toronto*, 1910, XXXV, p. 416-420.

Zimmermann. — Zur diagnose und prognose der appendicitis in Kindesalter. *Arch. f. Kinderh.* Stuttg., 1909, LII, p. 107-123.

TABLE

—